オリジナル  キャラも作れる

おちゃっぴ ねんど入門

「幸せになりたい?」
お前次第だ、やることやれよ。
待ってるだけじゃ変わらないよ。
(パンダきのこのパンディーさんより)

何をそんなに急いでいるの？
「がんばってる」って言われたいの？
でも今の君「あせってる」としか見えないよ。
(南の島のタコのニュンちゃんより)

上向いて。
しっかりつかまえて。
はら、大丈夫でしょ。
(キノボリおさるより)

力抜いて。
今の自分で
きっとできるよ。
(つぶつぶサカナより)

おちゃっぴのファンタジーワールド

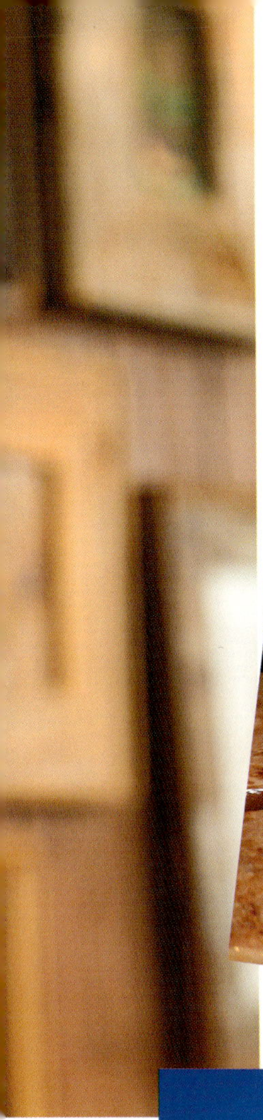

食べ過ぎないでね。
「ちょうどいい」を見極めるの。
（スパム好きのおしゃれ魚より）

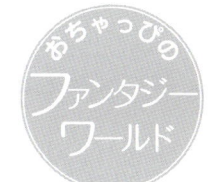

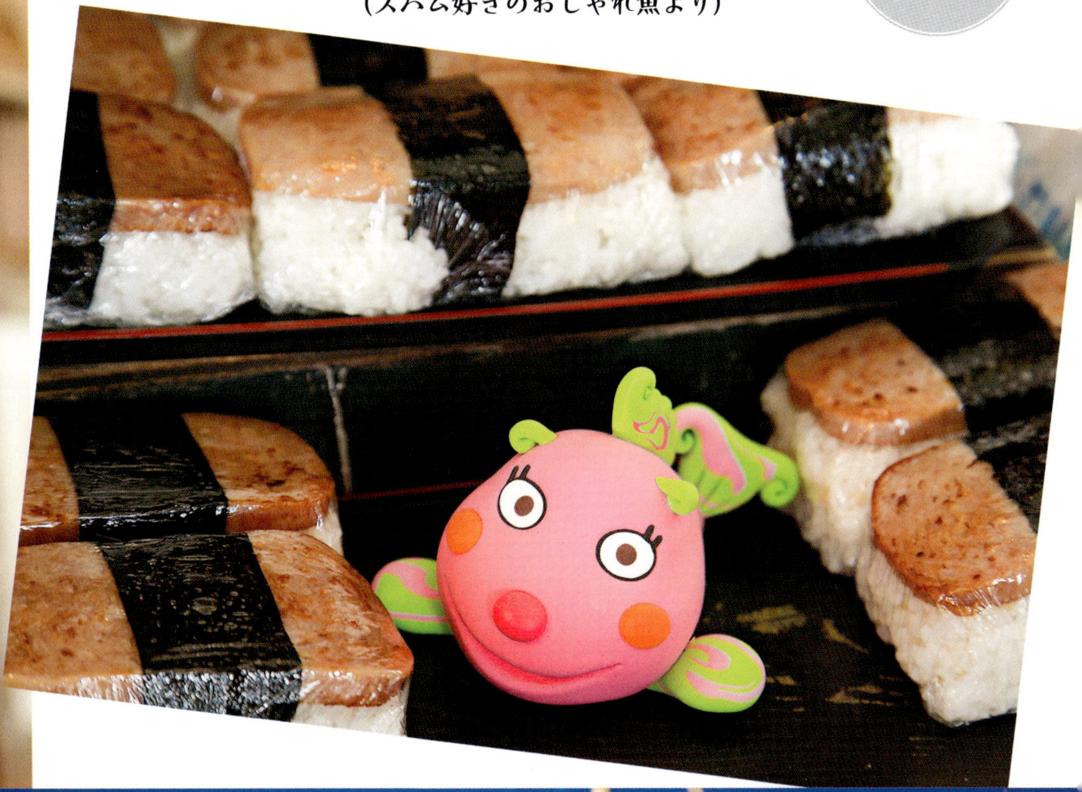

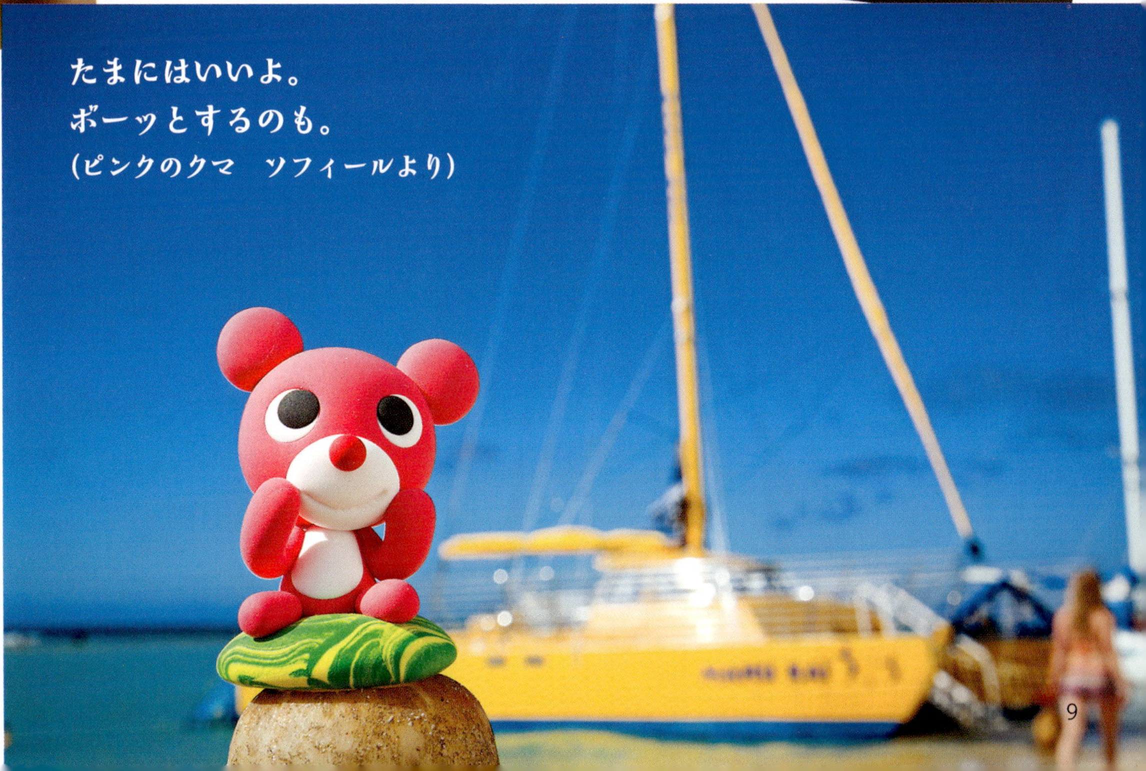

たまにはいいよ。
ボーッとするのも。
（ピンクのクマ　ソフィールより）

ロバの気持ちが分からずに
人生を語るべからず。
・・・なんちって。
(ロバのドンちゃんより)

はじめに

ようこそ、おちゃっぴねんどの世界へ

おちゃっぴねんどは、「かわいいキャラクター」を作るために考案した画期的なねんどです。子どもから大人まですべての人が手軽に触れることができ、そして作品作りを楽しむことができます。それを可能にしてくれる夢のねんどとその世界をこれから紹介していきます。誰もが簡単に扱えるこのねんどを使って、まずは思う存分もの作りを楽しんでみて下さい。

ねんどをこねながら想像の世界を飛び回り、新しい自分に出会える

こんな願いを込めて作った"おちゃっぴねんど"
まずは始めてみて下さい。
１度触ってみれば分かるから!!

おちゃっぴと仲間たち

おちゃっぴ

粘土キャラクターデザイナー「おちゃっぴ」。キャラクターデザインから映像作品、グッズ製作まで幅広く手掛ける粘土作家。自身が考案した「おちゃっぴねんど」を使って、全国各地で「創作体験ワークショップ」を開催。10年間で4万人以上の子どもから大人までが参加している。

代表作

[キャラクターデザイン]
「コムギン、クッキー」（日本製粉株式会社）、「エリエールの森の仲間たち」（大王製紙株式会社）、「ブナりん」（南会津郡只見町マスコットキャラクター）他

[キャラクターアート]
小湊鉄道養老渓谷駅舎内にジオラマ作品展示中
すみだ・京都水族館アーティストコラボ　グッズ販売　他

[著書]
「クレイ・ペット絵本　do-do-dog」（祥伝社）

[テレビ出演]
「スター☆ドラフト会議」（日本テレビ）、「行列のできる法律相談所」（日本テレビ）、「明石家さんまの転職DE天職」（日本テレビ）、「スッキリ!!」（日本テレビ）など

[ワークショップ]
粘土の楽しさを子どもから大人まで多くの人に伝えるワークショップを全国各地で実施中

おりっぴ

おちゃっぴ公認アシスタント「おりっぴ」。おちゃっぴの作品作りを手伝いながら粘土教室では講師も務めています。粘土キャラクターデザイナー、期待のたまご。東京家政大学造形表現学科卒。

パンダ少女＋パンダきのこ
第2章のわたしからのアドバイスは、おちゃっぴの代表作品、パンダ少女が担当します。

チワワくん
第2章のおまけに登場するのは、クレイペットの人気者チワワくんだよ。

謎の深海魚Xくん
第3章のボクからのヒントを担当するのは、おちゃっぴの大好きな海の生き物Xくんだよ。

オリジナルキャラも作れる！
おちゃっぴねんど入門
CONTENTS

ようこそ
おちゃっぴねんど
の世界へ

おちゃっぴの
ファンタジーワールド …… 2
はじめに …… 12
おちゃっぴと仲間たち …… 13

第1章　おちゃっぴねんどで遊ぶ

おちゃっぴねんどの秘密 …… 18
すべて「まる」からできている …… 20
おちゃっぴねんどの使い方 …… 22

いろいろな形を作ろう

① ナミダ型・ハート・はね・花 …… 24
② おまんじゅう・ハンバーグ・おせんべい・
　ほし・円柱・フジサン …… 26
③ 三角形・リボン・四角形・
　ひも・ロール …… 28

おちゃっぴの楽しい作品集①② …… 30・56

14

第2章 簡単なものを作ってみよう

アヒルの作り方 …… 34
イヌの作り方 …… 38
ケーキの作り方 …… 42
りんごとみかんの木の作り方 …… 46
ローソクの作り方 …… 50
シルクハットの作り方 …… 52
くるまの作り方 …… 54

第3章 おちゃっぴの不思議な世界

パンダきのこ …… 60
ピンクのくま …… 64
クラウンペンギン …… 70
赤かぶライオン …… 74
キノボリおさる …… 82
フラワーきのこ …… 88
ニンジンうさぎ …… 96

おちゃっぴのオリジナルキャラクター紹介

① パンダきのこ、ピンクのくま、クラウンペンギン …… 68
② 赤かぶライオン、キノボリおさる …… 80
③ フラワーきのこ、ニンジンうさぎ …… 94

CONTENTS

第4章 オリジナルキャラクターに挑戦

オリジナルキャラクター作りに挑戦しよう……104
発想方法1 合体させてオリジナル!?……105
発想方法2 ねんどの色を変えてオリジナル!?……106
発想方法3 目、口、鼻、耳いろんな部分を変えてオリジナル!?……107
発想方法4 こんなに変えても大丈夫!? オリジナル!?……108
無限の可能性が広がるおちゃっぴねんど……109

Column コラム

いろいろな色を作ろう……32
おちゃっぴキャラの秘密……58
発想を変えて表現の幅を広げよう……102

おちゃっぴねんど情報……110

第1章 おちゃっぴねんどで遊ぶ

おちゃっぴねんどで遊ぶ
おちゃっぴねんどの秘密

これまでになかった新しい感覚のおちゃっぴねんどは、誰にでも簡単に使いこなせる"扱いやすさ"と暖かみのある"発色の良さ"にとことんこだわって生み出された日本製のねんどです。

1

7色のオリジナルねんどは原色の鮮やかさが特徴。また混ぜ合わせるだけで、新しい色を作れる魔法のようなねんどだ。

色がとってもきれい！

混ぜると新しい色が作れる！

わたしからのお願い

注意して使いましょう

★ねんどは、乾燥している環境では少し硬くなるけど、よくこねると使いやすい柔らかい状態になるよ。

★手に汗をかく人はくっつく場合があるからね。特に夏は注意。ぬれた手では触らないようにね。

★できあがった作品はストラップ等にして持ち歩いたりすると壊れちゃうよ。

★食べれません。のどに詰まると危険だよ。とにかく口にはしないでね。

2 手につきにくいから、汚れが気にならずに使いやすい。でもねんどうしはくっつきやすいので簡単に作品が作れるよ。

手にくっつきにくく汚れない！

ねんどうしはくっつきやすい！

3 自然乾燥で軽くて丈夫な状態になるよ。しかもひび割れしにくく、作品をコレクションしやすいのもこのねんどならでは。

乾かすと作品として残せる！

ひび割れしにくい！

第1章 おちゃっぴねんどで遊ぶ　おちゃっぴねんどの秘密

乾いて硬くなるまでが作品作り！
- 作品が完成したら湿気の少ないところに３日間置いて乾かそう
- 乾かすときは太陽に当てないように！　色が変わってしまうよ
- 硬くなるまでは形が変わりやすいから時々チェック！

おちゃっぴねんどで遊ぶ
すべて「まる」からできている

> おちゃっぴねんどはすべてまるを作ることから始まります。最初にまるを作り、そのまるからすべての形が生まれていくのです。まるからどんなものが生まれていくかを見ていきましょう。

きれいな「まる」を作る

とってもきれいなまるができるんだね

はち切れそうなぷっくりしたまるが理想だよ

すべての形、作品のもとになるのがまるです。おちゃっぴねんどではこのまるをきれいに作れるかがとても重要になります。まずは、理想のまるをゆっくり眺めて見て下さい。

いろいろな大きさのまるからすべての形が生まれる！！

本書では、大きさをねんどの塊やまるの直径の長さで示しています。

直径5ミリ　　直径8ミリ　　直径12ミリ　　直径18ミリ　　直径25ミリ

「まる」からいろいろな形が作れる

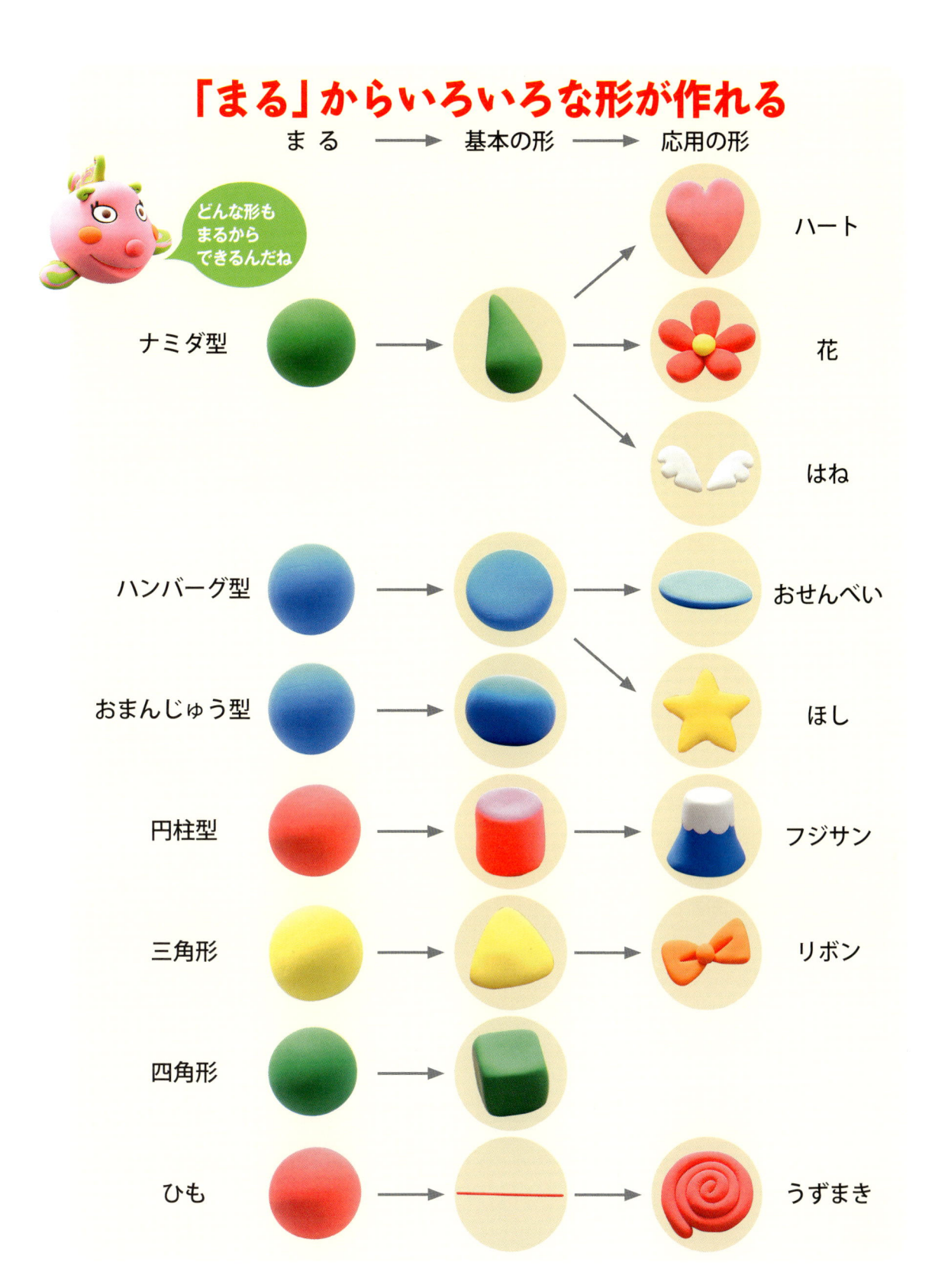

まる → 基本の形 → 応用の形

どんな形も まるから できるんだね

形の名前	応用
ナミダ型	ハート / 花 / はね
ハンバーグ型	おせんべい
おまんじゅう型	ほし
円柱型	フジサン
三角形	リボン
四角形	
ひも	うずまき

第1章 おちゃっぴねんどで遊ぶ　すべて「まる」からできている

21

おちゃっぴねんどで遊ぶ
おちゃっぴねんどの使い方

ねんどを扱うときのポイントをまずは押さえましょう。そしておちゃっぴねんどの要"まる"の作り方をマスターしていきます。これができればどんな作品でも上手に作ることができます。

ねんどは袋に入っているよ

ねんどは、全部で7種類。すべて同じように袋に小分けされている。

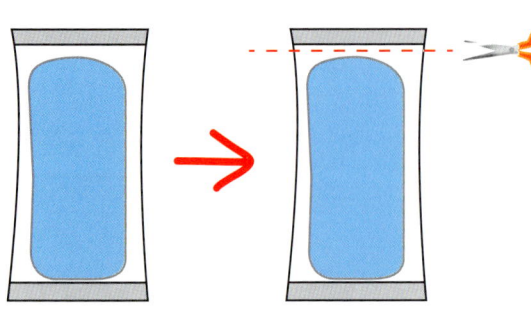

ねんどを取り出すときは、袋の先をはさみで切って開封しよう。

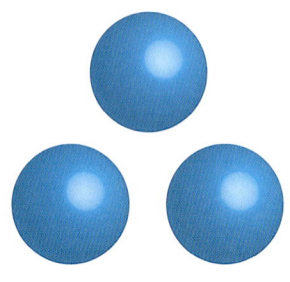

直径約25ミリ大のまるが、3つ作れる量のねんどがひと袋に入っている。

ねんどはすぐに乾くよ

ねんどは10分ほどで表面が乾いてしまうので、使っていない分は密封して保存しておくよ。

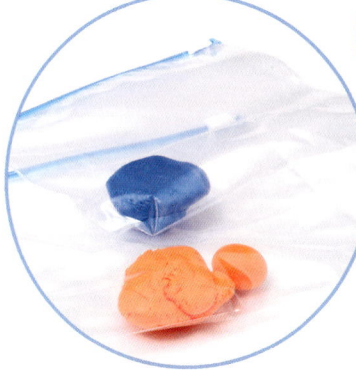

袋に押し込んでしまう方法もあるけど、ジッパー付きの袋をあらかじめ用意してしまっておくのがオススメ。

長期間保存するのは難しいから、早めに使うようにしてね

おちゃっぴのアドバイス

ねんどは、湿度や保存状態にもよるけど、硬くなりやすいよ。開封したら、サランラップなどで巻いて密閉して保存して、1週間くらいを目処に使い切ってしまおう。

始める前の準備

★ 手を石っけんでよく洗います
★ 作業する場所を片付けておきます
★ ようじを用意します

準備は大切♡

きれいなまるを作ってみよう

最初によくこねる

何度も何度もこねることで、まるにしたときの仕上がりの状態がとっても良くなるよ。ひび割れしにくくツルツルの表面に仕上げるためにも、よくこねることが大事。

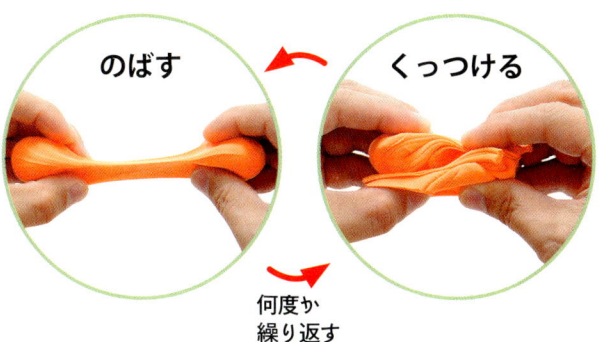

のばす／くっつける／何度か繰り返す／ちぎれても大丈夫

例えちぎれても、くっつけて再びこねるとあっという間に元通りになるので安心だ。

まるを作ろう

手のひらで転がすときは、初めははさむ力を強くしてだんだんと力を抜いていくよ。しわが残っているときは、少しはさむ力を強くして転がせば、きれいな表面になるよ。

まるを作る時間は全体で1分くらい

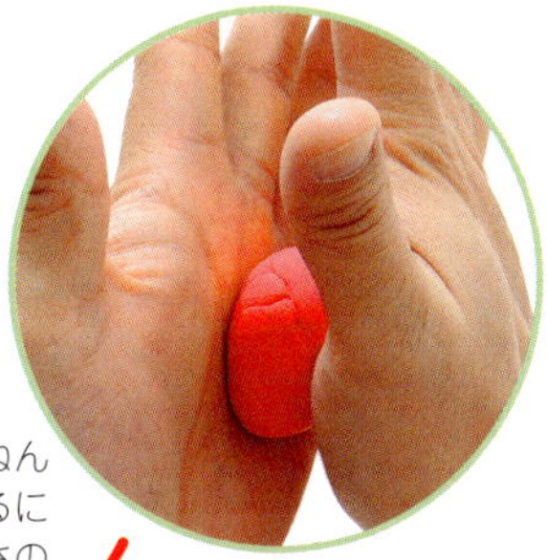

よくこねたねんどから、まるにしたい大きさの塊を手にとる。

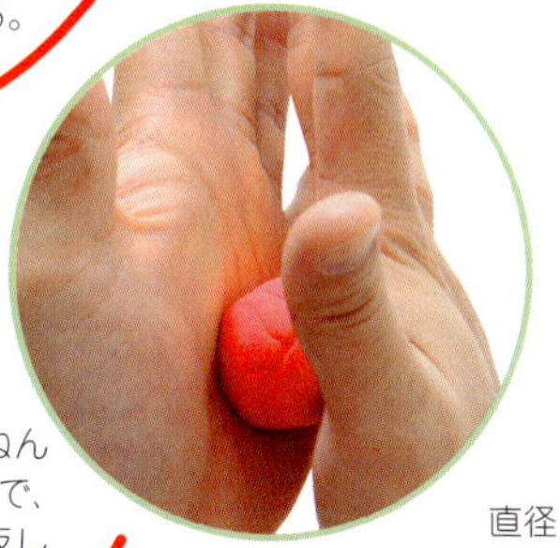

手のひらでねんどをはさんで、何度も繰り返し転がすよ。

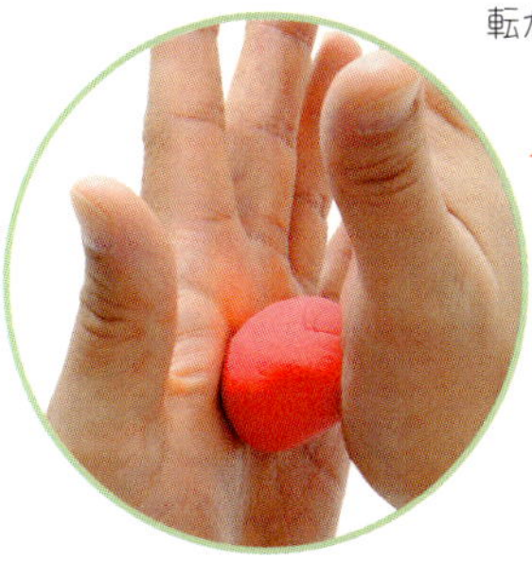

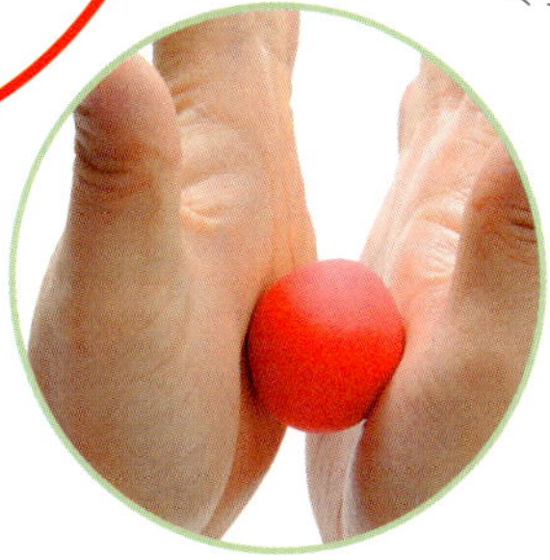

おちゃっぴのアドバイス
作りたい大きさができなくても、量を調節して再びねんどをこねれば、まるを作り直せるよ。

まるの完成

直径30ミリくらいのまる

表面がツルツルでシワのないきれいなまるができあがる。

第1章 おちゃっぴねんどで遊ぶ　おちゃっぴねんどの使い方

おちゃっぴねんどで遊ぶ
いろいろな形を作ろう①

時間をかけないで素早くやるよ

ナミダ型・ハート・はね・花

ナミダ型を作る

好みの色で作ってみよう！

ここをつまむ♪

直径22ミリ

中心から少し外側をつまんでますっ

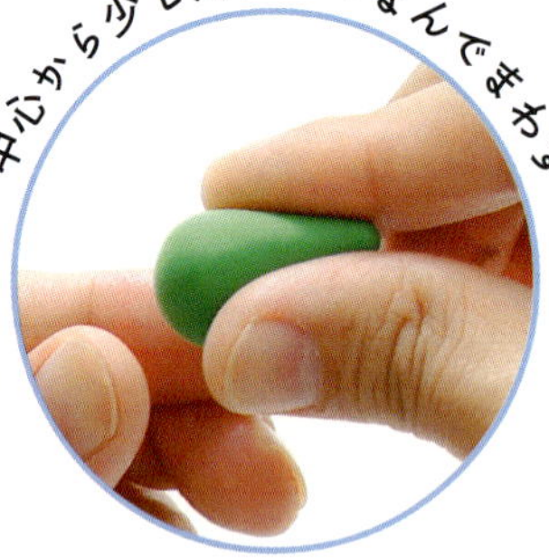

先っぽを転がして

ナミダ型が

できた！

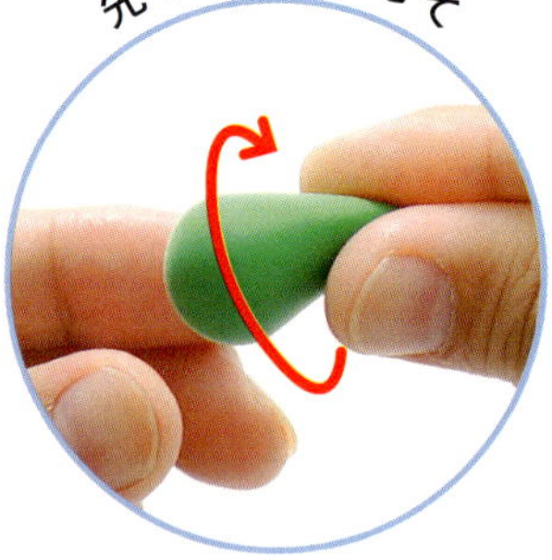

まるの次に作品作りに役立つ形がナミダだ。ナミダはさまざまな形に応用が可能。ここで作り方をマスターしておこう。

ピンク色のナミダひとつから

ピンク色の作り方は32ページへ

アカイロのナミダ5つ

おちゃっぴのアドバイス

失敗したらこねてやりなおそう。1回であきらめない！

はねを作る

天使のはねかな

シロのナミダ2つで

まずはつぶすよ

へこみを2つつける

出っぱりを整えるよ

はねの完成だ！

もう片方も同じように作るよ！

全体を整えたら

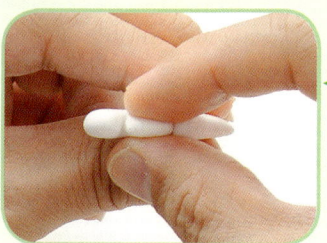

ナミダ型からはねを作ることができるよ。ナミダを2つ用意してつぶしてから、ようじでこすってへこみをつけよう。表面をこするときれいな仕上がりに。

24

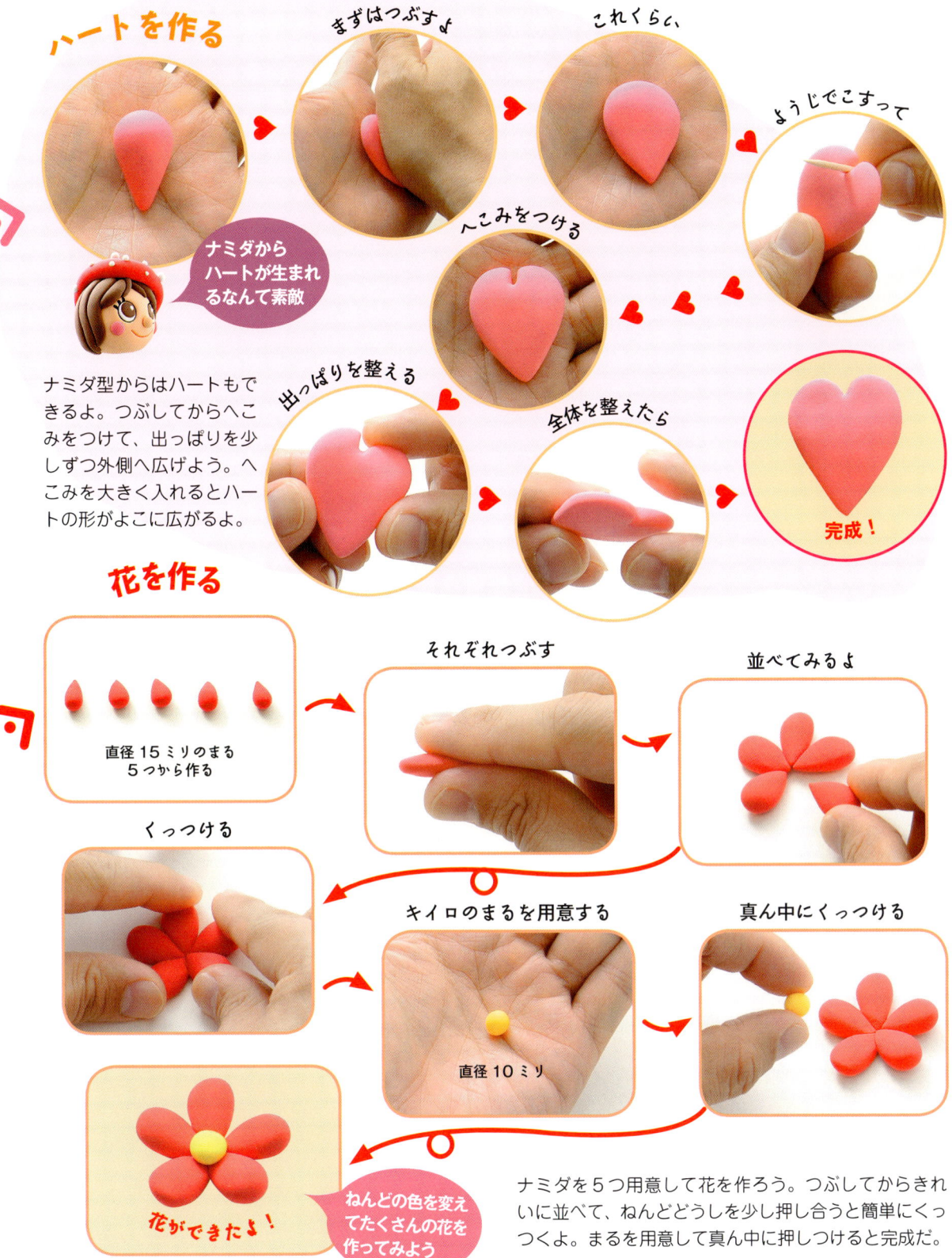

おちゃっぴねんどで遊ぶ
いろいろな形を作ろう②

おまんじゅう・ハンバーグ・おせんべい・ほし・円柱・フジサン

時間をかけないで素早くやるよ

おまんじゅう・ハンバーグ・おせんべいを作る

好みの色で作ってみよう！

直径32ミリ

つぶすよ

つぶすときはゆっくりと！

少しつぶすと

おまんじゅう 完成！

つぶす度合いを大きくすると！

ハンバーグ のできあがり

まるから形を作ることで、きれいな作品が生まれるよ。まずはつぶすだけで作れる簡単なものから挑戦してみよう。

円柱を作る

ピンク色の作り方は32ページへ

まるを少しつぶす　　はさんでまわす

直径32ミリのまるから

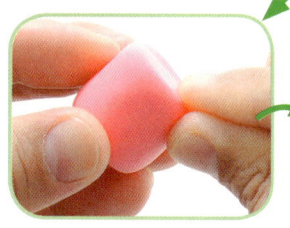

角を整えるよ　　完成!!

まるを少しつまんでから一定方向にまわしながらはさむと円柱型になっていくよ。角もまわしながら整えよう。

円柱型の応用とおせんべいからフジサンを作れるよ。ようじでへこみをつけるときは押しつけないでこするようにしよう。

応用パターン

アオイロの円柱とシロイロのおせんべいからできちゃうの!?

フジサンを作る

まわしながら形にしていく

直径26ミリのまるから作る

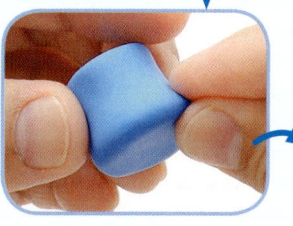

角を整えるよ

フジサンの土台完成！

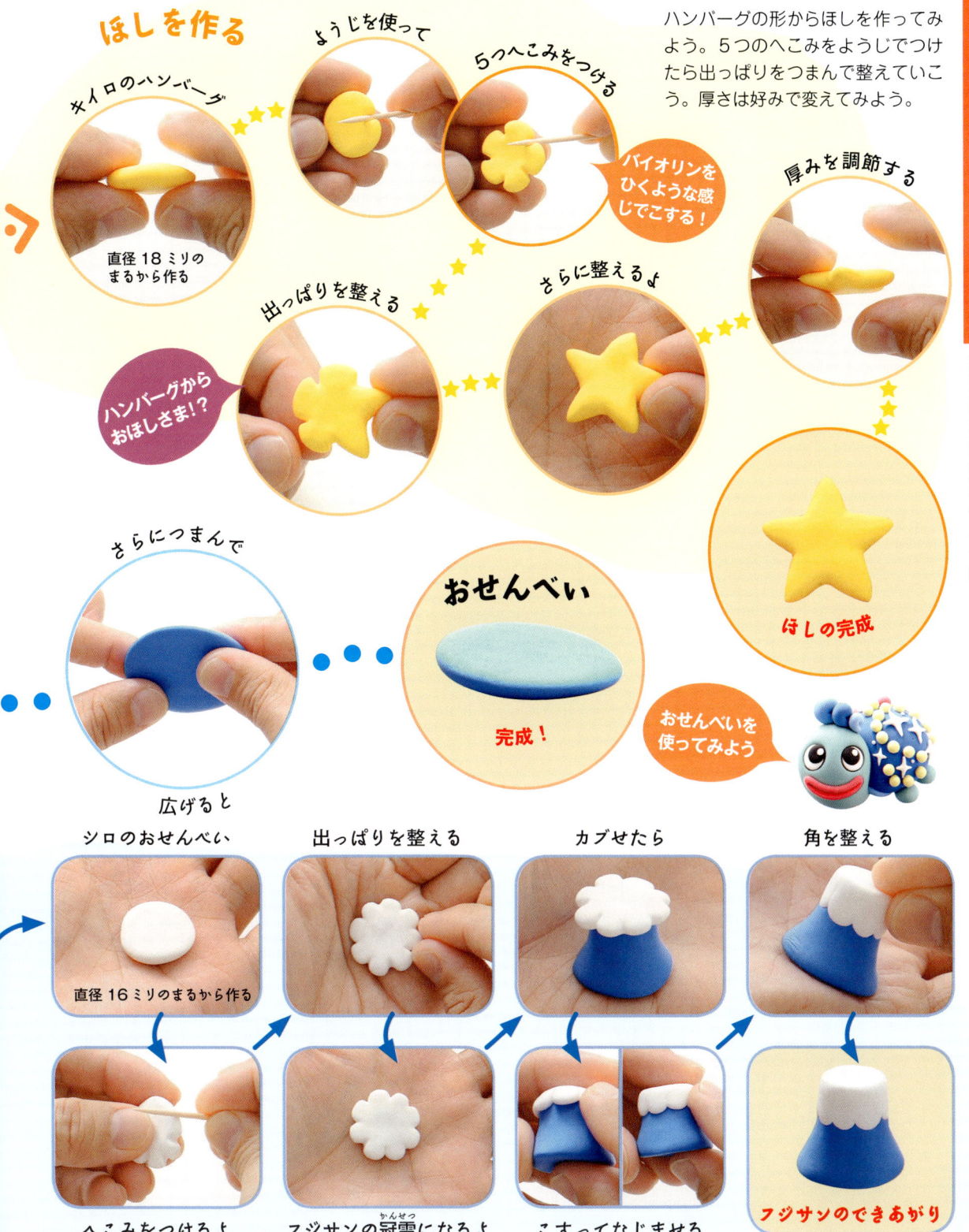

おちゃっぴねんどで遊ぶ
いろいろな形を作ろう ③

> 時間をかけないで素早くやるよ

三角形・リボン・四角形・ひも・ロール

三角形を作る

まるをつぶして指ではさめば、はさんだ形どおりになるよ。まずはもっとも単純な形の三角形に挑戦してみよう。

直径20ミリ

まずはつぶすよ

両指を使って三角の形に

端をつまんでもう少しひらべったくする

四角形を作る

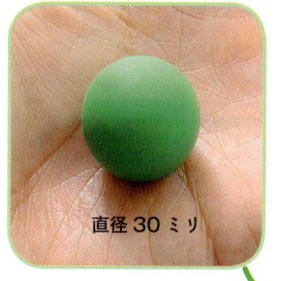
直径30ミリ

指で四方からつまむよ

残りの四方も同じように

端を垂直に整えるよ

ひもを作る

直径24ミリ

まるを転がしていけば、ひも状になる。くるくる巻けばうず巻き模様に。作品にくっつけて飾りのように使ってみると面白いよ。

転がしてのばしていく

さらにのばせばひもの完成

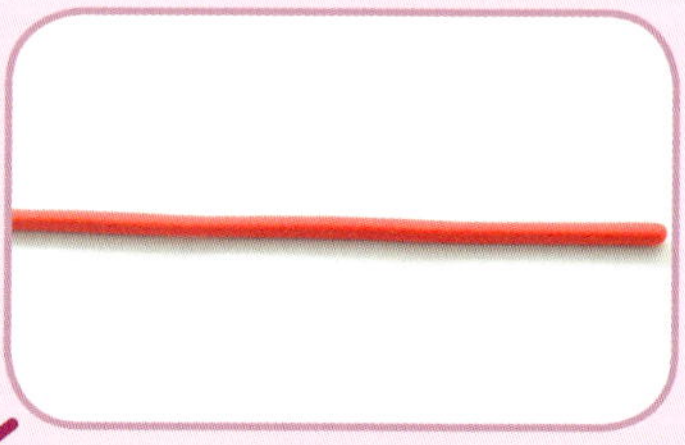

くるくる巻くと

模様に使える♪！

第2章 簡単なものを作ってみよう

アヒルの作り方

まるの発展型とナミダ型で簡単に作れるアヒルに挑戦してみよう。ねんどの色を変えてオリジナルのアヒルも作れちゃうよ！

用意するねんどの色
● キイロ、○シロ、●クロ、●オレンジ
（土台 ●アオ、○シロ）

用意するもの　ようじ

難易度：★
制作時間目安：20分
大きさの目安：高さ50ミリ

顔を作る

1 直径20ミリくらいと32ミリくらいのキイロのねんどを用意する。

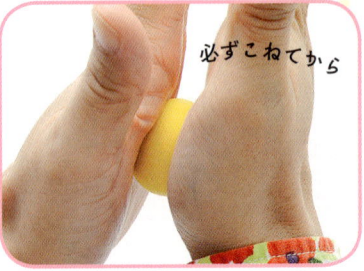

2 ねんどをよくこねてから、手のひらではさんで転がしていく。

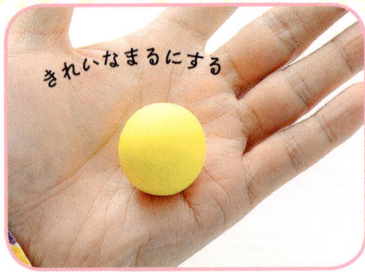

3 正円になるまでよく転がせば、きれいなまるのできあがり。

目を作る

1 目と口をつけたいところにようじでくぼみの目印をつけておく。

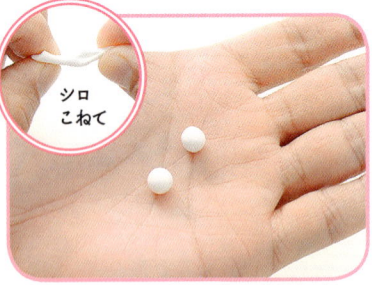

2 シロのねんどをよくこねてから9ミリくらいのまるを2つ作る。

3 2つのシロまるを目の印をつけた位置にひとつずつ軽くつける。

簡単に作れそうだ

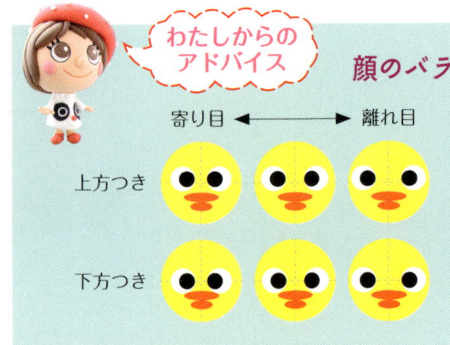

わたしからのアドバイス

顔のバランスの取り方

寄り目 ⟵⟶ 離れ目

上方つき

下方つき

目は中心より少し下つきに、ややおでこを広めに取るとかわいい顔になりやすいの♥寄り目か離れ目かは、好みが分かれるところね。

4 くっついているシロまるを、片方ずつ軽く押しつぶすようにする。

5 押しつぶしたらアヒルの白目が完成。頭自体をつぶさないようにね。

黒目を作る

1 クロのねんどをこねてから直径5ミリくらいのまるを2つ作る。

2 できた2つのクロまるを白目のなかにひとつずつ丁寧につける。

3 くっついているクロまるを、片方ずつ押しつぶしていく。

4 先に押しつぶした方に合わせて、もう片方もつぶしたら完成。

目が完成

口を作る

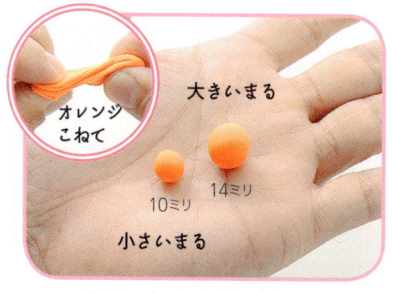

1 オレンジのねんどで直径10ミリと14ミリの大小のまるを2つ作る。
（オレンジこねて／大きいまる／小さいまる／10ミリ／14ミリ）

＊ナミダ型の作り方は24ページを参照してね。

2 できた2つのまるを指先をつかって、それぞれナミダ型＊にする。
（ナミダ型）

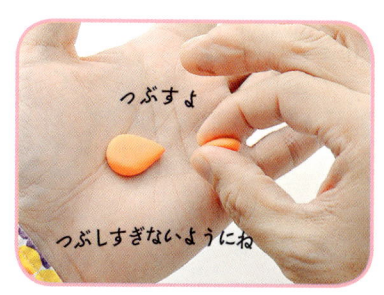

3 大小2つのナミダ型ひとつずつをつぶして上下のくちばしにする。
（つぶすよ／つぶしすぎないようにね）

次のページにつづくよ！

第2章 簡単なものを作ってみよう　アヒルの作り方

アヒルの作り方には基本の動作がたくさん出てくるので、上達する近道にもなります。

おちゃっぴのワンポイント

目はつぶした方が表情豊かに

　目は顔の表情の決め手になる重要な部分だよ。八割くらい目が大事といっても良いくらいなんだ。目をくっつけてからつぶすときは、思った以上に強くつぶしてみよう。表情がとっても豊かになるよ！でも顔の形が変形しないように注意してね。

目は強くつぶすのがコツ。

35

口を作るのつづきだよ

4 大きい方のくちばしを口の目印の少し上側にくっつける。

5 上のくちばしをつけたら、小さいくちばしを下側にくっつける。

よこから見るとこんな感じ

6 アヒルの顔のできあがり。くちばしの開き具合は好みの感じでOK。

からだを作る

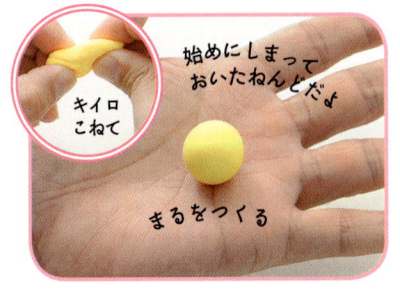

始めにしまっておいたねんどだよ
キイロこねて
まるをつくる

1 ねんどをよくこねて直径20ミリくらいのまるをひとつ作る。

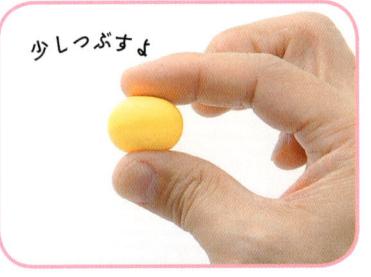

少しつぶすよ

2 きれいなまるを作ったら指先に挟んでほんの少しだけつぶす。

3 さらにつぶして長まるにしたら、アヒルのからだの完成。

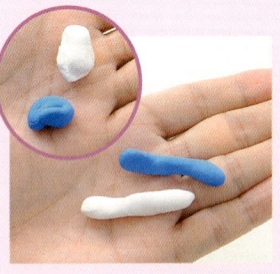

おまけ
土台を作ろう！

作品を飾っておくときに土台があると、倒れたりしなくなるのでとっても便利だよ。土台は、異なる2色のねんどを混ぜ合わせてマーブルのまるを作って、おせんべいにすればできあがり。最後に作品をくっつけよう。ひねりすぎるとマーブル模様が消えて、新しい色に変わってしまうから気をつけてね。

① ここではシロとアオのねんどを用意したよ。

合わせてひねる

② 棒状にしたら平行に並べてひねっていくよ。

さらにひねって折るよ

③ ひねったら折りたたみさらにひねっていくよ。

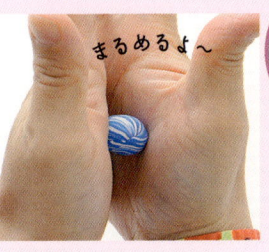

まるめるよ〜

きれいにつぶして

完成！

④ 好みの程度まで混ざったらきれいなまるを作ろう。

⑤ 最後につぶして整えればマーブルの土台が完成！

⑥ 完成したら乾いてしまう前に作品をくっつけよう。

顔とからだをくっつける

合体！

くっついたぁ

できた！

1 くちばしに注意してアヒルの顔を持って、からだとくっつける。

2 顔はからだの少し前めにくっつけるとバランスが良くなる。

3 顔とからだがくっついたら、あっというまにアヒルの完成。

土台をつけて完成だよ！

アヒルのヒヨコ！？

STEP UP
目の大きさや位置を変えてオリジナルのアヒル作りを目指してみよう！

あっという間に完成したよ！！

第2章 簡単なものを作ってみよう

アヒルの作り方

37

イヌの作り方

基本の動作のみで簡単に作れるイヌに挑戦しよう！　しっぽの部分はようじを使うので、第1章で紹介した使い方をマスターしておくと便利だ。

ワンダフル
なのを
たのみます

難易度：★
制作時間目安：30 分
大きさの目安：高さ 40 ミリ

用意するねんどの色
●アオ、○シロ、●クロ
（土台 ●ミドリ、●キイロ）
用意するもの　ようじ

★ イヌの顔を作る

アオ こねて　まるを作る♪

1 アオのねんどを用意して、直径33 ミリくらいのまるを作る。

少しつぶして

2 まるができたら手のひらで、ゆっくりと少しだけつぶしていく。

おまんじゅうのようだ

3 おまんじゅうのような感じにする。つぶしすぎたらまるに戻そう。

わたしからのアドバイス

顔の形は目をつけながらだんだんイヌらしくなるよ

　完成したイヌの顔は、少しカーブしているけど、これは目をつけるときに自然にできていく形なの。おまんじゅうの形で顔を作っていけば、完成したときには同じような感じになるから気にしないでね。

目と鼻の位置決め～

4 目と鼻をつけたい位置＊にようじで位置がわかる程度の目印をつける。

＊顔のバランスの取り方は 34 ページを参照してね。

顔に目をつける

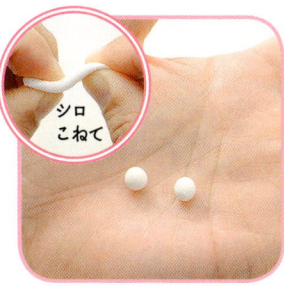

1 直径7ミリくらいのシロまるを2つ用意する。

シロこねて

2 2つのまるを目の印をつけた位置につける。

3 シロまるを、片方ずつ軽く押しつぶしていく。

4 押しつぶしたらイヌの白目部分の完成だ。

白目だ♪

黒目をつける

1 クロのねんどをよくこねてから直径5ミリくらいのまるを2つ作る。

クロこねて

2 できた2つのクロまるを白目のなかにひとつずつ丁寧につける。

目がかんじん！

3 くっついているクロまるを、片方ずつ押しつぶしていけば目の完成。

鼻をつける

1 直径9ミリくらいのクロまるを少しつぶす。

クロまるを用意

2 あずきのような感じになればオーケー。

黒い鼻

3 できたあずきを鼻の印をつけた位置につける。

4 軽く押せばくっつくのでつぶさないように。

まだ何か足りないね

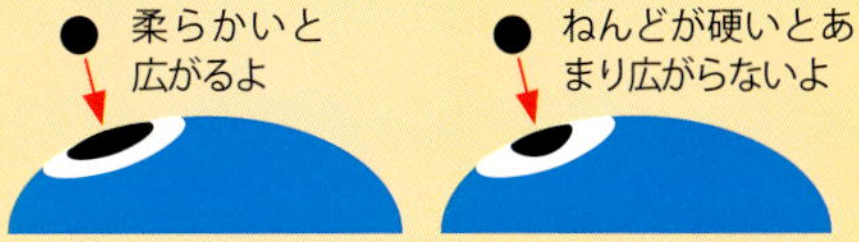

もう少しで顔の完成だ！急いで次のページへ

第2章 簡単なものを作ってみよう　イヌの作り方

おちゃっぴのワンポイント

ねんどの硬さで目のまるの大きさを微妙に変える

おちゃっぴねんどは湿度によって硬くなるまでの時間が大分変わるよ。乾燥していると硬くなるのが早いので目のまるを少し大きめに作ってね。

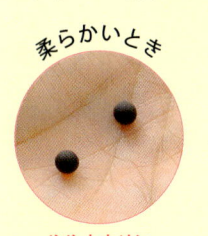

柔らかいとき　　硬いとき

乾燥してると硬いよ！

やや小さめに 　　やや大きめに

同じ大きさのまるでも

● 柔らかいと広がるよ

● ねんどが硬いとあまり広がらないよ

39

🔴 耳を作る

1 直径15ミリくらいのクロまるを2つ作る。
クロこねてまる2つ用意

2 2つのクロまるを少し細長のナミダ型*にする。
ナミダ型にする

3 できたナミダをゆっくりと少しだけつぶす。
ナミダ2つ / つぶして〜

4 形が崩れたりしたらまるに戻って作り直そう。
なんだろう！？

> ベースの色を変えたり耳や鼻の形を工夫してオリジナルのイヌを作ってみよう。

5 頭の左右にひとつずつつけていく。軽く押しつけるだけで大丈夫だ。
細い方を頭につける♪ / 耳でした！！

6 先につけた方に合わせて位置を調節するとバランス良く仕上がる。
顔完成

🔴 からだを作る

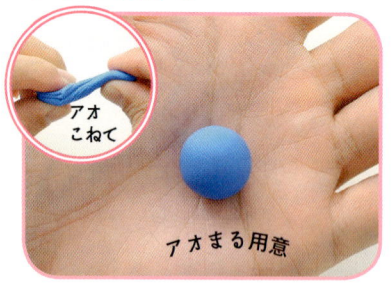

1 アオのねんどをよくこねてから直径20ミリくらいのまるを作る。
アオこねて / アオまる用意

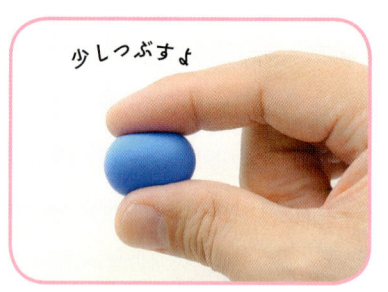

2 まるができたら手のひらで、ゆっくりと少しだけつぶしていく。
少しつぶす♪

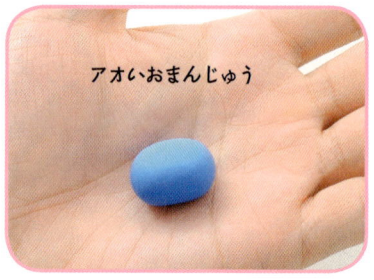

3 おまんじゅうのような感じになればオーケー。顔と同じ作り方だ。
アオいおまんじゅう

🔴 足を作る

1 直径9ミリくらいのクロまるを4つ作る。
クロこねて

2 4つのクロまるを少し細長のナミダ型にする。
ナミダ型に

3 ナミダをひとつずつからだの下側につける。
ナミダ4つ

4 最後に顔をつける部分を指でへこませておく。

*ナミダ型の作り方は24ページを参照してね。

しっぽを作る

ナミダ型にする

クロまるを用意

かなりつぶすよ

1 クロのねんどを直径10ミリくらいのまるにしてからナミダ型に。

2 ナミダ型にしたら指ではさんでゆっくりとたいらにつぶしていく。

ようじの出番！

しっぽ完成

3 ようじを使ってやさしくこするようにして2つへこみをつける。

4 2つのへこみをつけたらイヌのしっぽのできあがりだ。

顔とからだをくっつける

合体！

お尻に穴！

1 からだに顔を押しつけて合体。少し顔を傾けてつけるとかわいい。

2 しっぽをつけたい部分にようじを使って浅い穴をあけておく。

しっぽをつける

できあがり！

1 最後にしっぽを穴に取りつけるとかわいらしいイヌのできあがり。

土台はマーブルにすると作品がいっそう輝くよ！

作品は、マーブル模様の土台にくっつけて飾っておこう。マーブルの色の組み合わせは、好みの色を選択して構わないよ。いろいろなマーブル模様の土台を作って、1番作品が輝く色の組み合わせを探してみよう。

ミドリとキイロのねんどを使ったよ

こねてからのばすよ

合わせてねじる！

さらにねじって折る

2〜3回ねじって折ったらまるめる

つぶして完成！

イヌをくっつける

第2章 簡単なものを作ってみよう イヌの作り方

41

ケーキの作り方

今度はお菓子を作ってみよう。ケーキはできあがるまでに、さまざまな形を作っていくので第1章で覚えた動作を思い出してみよう。

用意するねんどの色
● キイロ、● アカ、● オレンジ、● ミドリ、○ シロ
用意するもの　ようじ

難易度：★★
制作時間目安：30分
大きさの目安：高さ40ミリ

ケーキのスポンジを作る

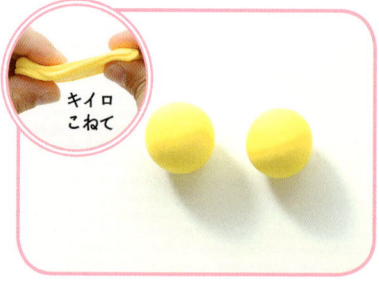

1 キイロのねんどを用意して、直径20ミリくらいのまるを2つ作る。

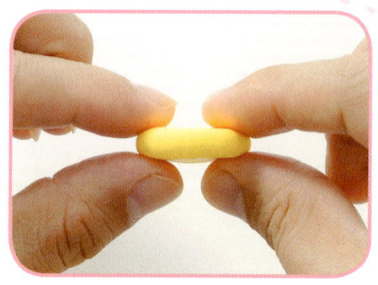

2 まるができたら、指を使ってゆっくりと少しずつつぶしていく。

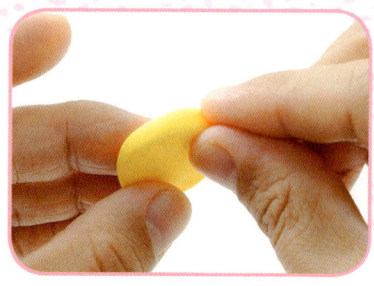

3 厚みがハンバーグくらいになったら角の丸みを両指で押さえる。

おいしそうに作れるかしら

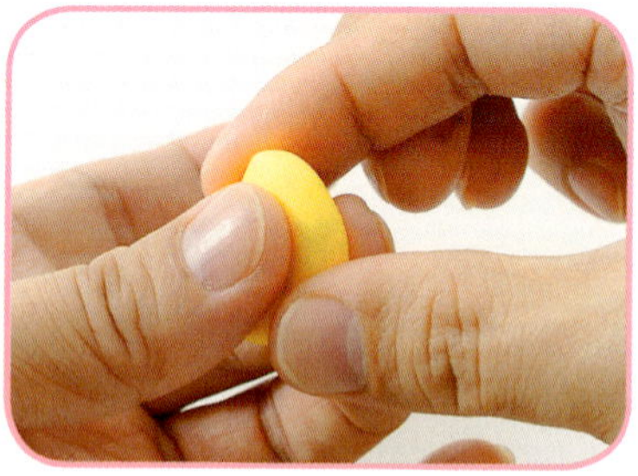

4 中心を支えながら、側面を指の腹で何度かなでて整えていく。

5 残りのまるも同じようにして、2つのスポンジを完成させる。

小さいイチゴを作る

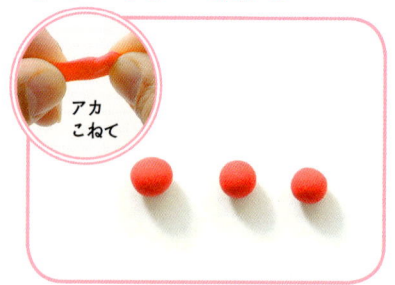

1 アカのねんどを用意して、直径6ミリくらいのまるを3つ作る。

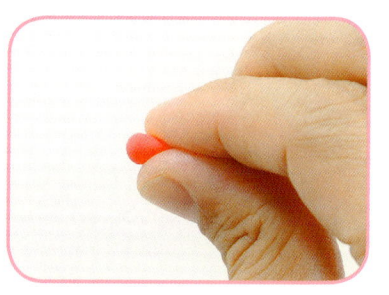

2 まるの中心から少し外側をつまんでまわして、ナミダ型*にする。

ナミダ3つ

3 残りのまるも同じようにして、3つのちいさなイチゴを作る。

*ナミダ型の作り方は24ページを参照してね。

スポンジにイチゴをつける

1 スポンジの外側に沿ってイチゴを等間隔にくっつけていく。

均等に並べる♪

2 イチゴの間には、このあと2種類の果物を作って並べていくよ。

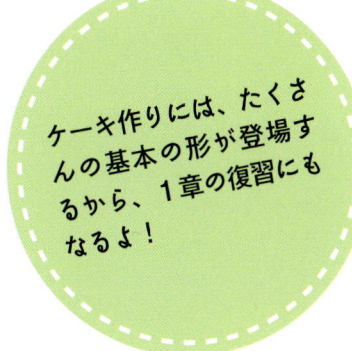

ケーキ作りには、たくさんの基本の形が登場するから、1章の復習にもなるよ！

第2章 簡単なものを作ってみよう ケーキの作り方

みかんを作る

オレンジこねて

1 オレンジのねんどを用意して、直径6ミリくらいのまるを3つ作る。

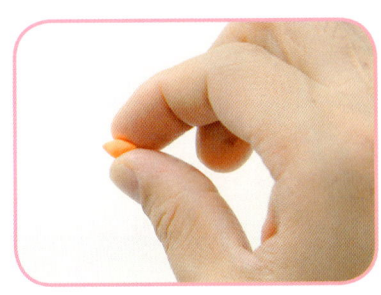

2 まずはまるをつまんで、両端をナミダ型になるようにする。

ぎょうざの形？

3 できたものをゆっくりとつぶしてぎょうざのような形にする。

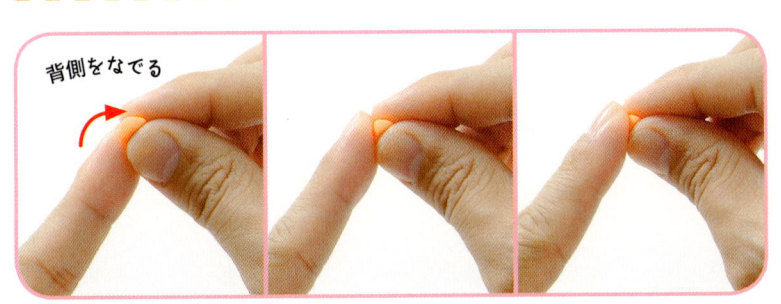

背側をなでる

4 ぎょうざの背側をなでて、なめらかになるように整える。同じようにして3つのみかんを作る。

みかん3つのできあがり

おちゃっぴのワンポイント

冬の季節や乾燥しているところではよくこねる

おちゃっぴねんどは、乾燥に敏感です。冬の季節など、いつもより少しねんどが硬い感じがするときは、こねる回数を増やしてみましょう。よくこねることで、いつものような使いやすいねんどに戻ります。

硬いときはいつでもよくこねる。

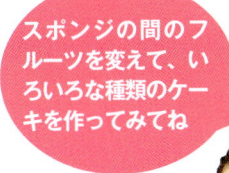

スポンジの間のフルーツを変えて、いろいろな種類のケーキを作ってみてね

43

みかんを土台につける

1 作ったみかんをイチゴの隣に等間隔にくっつけていく。

2 くっつけたみかんをバランスよく調整していく。

3 もう1種類の果物を最後に作って並べるので、すきまをあけておく。

※キウイを置くすきまをあけておく

キウイを作る

6ミリ ミドリ / 12ミリ キイロ
よくこねて

1 ミドリとキイロのねんどを1：2でまぜ合わせてキミドリを作る。

※ミドリのまるを3つ

2 できたキミドリを使って、直径6ミリくらいのまるを3つ作る。

このくらい、つぶす

3 まるをゆっくりつぶしてハンバーグくらいの厚みに。キウイの完成。

キウイを土台につける

1 3つのキウイを作ったら、残ったすきまにくっつけていく。

2 イチゴとみかんとキウイをバランスよく配置できればOK。

> 生クリームの形は、左右対称にするよりも、少し崩して作ると自然な味わいがでて仕上がりが良くなるよ

生クリームを作る

シロ こねて

1 直径18ミリくらいのシロまるをひとつ作る。

つぶしてハンバーグに

2 ゆっくりとつぶしてハンバーグの厚みにする。

へこみをつける

3 ようじを使って適当にへこみを作っていく。

形を整える / クリーム完成！

4 出っぱりをつまんでなめらかな形に整える。

生クリームとスポンジを重ねる

1 残りのスポンジにできたクリームをかぶせる。  
2 出っぱりをスポンジとゆっくりとなじませる。

こすって一体化

横から見ると

3 なじませたら、真ん中を少しへこませておく。

大きなイチゴを作る

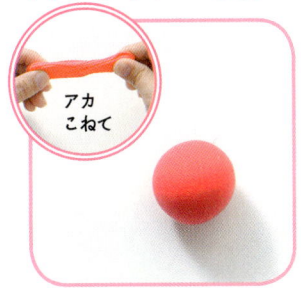

アカこねて

ナミダ型

イチゴのたね

強く持たない、ように！

大きなイチゴ

1 直径19ミリくらいのアカまるをひとつ作る。
2 アカまるをつまんでナミダ型にする。 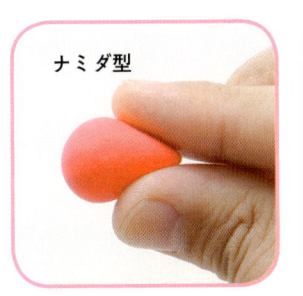
3 ようじを少しだけ刺して、穴をつけていく。 
4 いくつか穴をつけて、種に見立てたら完成！ 

イチゴをのせてケーキが完成

1 へこませた部分にイチゴをくっつける。 
2 イチゴは少し大きくなってしまっても大丈夫。 
3 完成したスポンジどうしをくっつける。

できあがり

完成したよ！

わたしからのアドバイス

へこみをつけるときは押しつけないでこするように

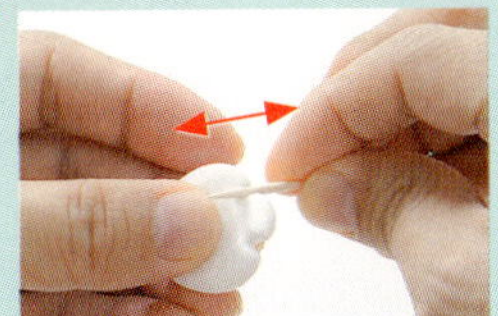

ようじでへこみをつけていくときは、ゆっくりとこするようにしてへこみをつけていくよ。無理にようじを押しつけると形が崩れることがあるの。

第2章 簡単なものを作ってみよう　ケーキの作り方

45

りんごとみかんの木の作り方

少し複雑な形が登場する木に挑戦してみよう。基本の形をしっかりと練習していれば、特に難しいところはなく作れちゃうよ。

木はしゃべらないでしょ！

用意するねんどの色
●オレンジ、●アカ、●クロ、●ミドリ
用意するもの　ようじ

難易度：★★
制作時間目安：40分
大きさの目安：高さ70ミリ

チャイロのまるを作る

25ミリ　20ミリ　15ミリ
オレンジ　アカ　クロ

チャイロを作る

チャイロのまる

1. オレンジ、アカ、クロのねんどを5：4：3で用意してこねる。

2. チャイロのねんどができたら、30ミリくらいのまるをひとつ作る。

幹を作る

端をつまんで

きれいに整えて

1. まずは、まるの端をつまんでいって、電球のような形にしていく。

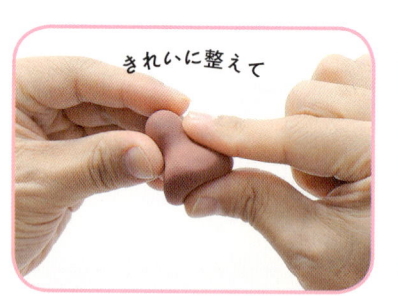

2. 次に、もう一方をやまのような形になるようにつまんで整えていく。

3. 底をたいらにすれば、幹の基礎となる部分ができあがる。

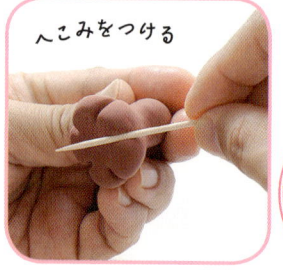

へこみをつける

つまむよ

形を整えて

幹ができた

4. ようじでこすって、底に5つのへこみを作る。

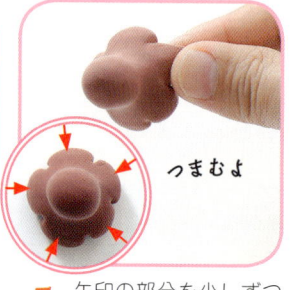

5. 矢印の部分を少しずつつまんでのばしていく。

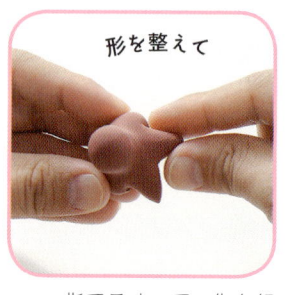

6. 指でこすって、先を細くして形を整えていく。

7. 5つの端を同様に細くして幹の完成だ。

葉を作って幹と合体

1 ミドリのねんどをよくこねてから、40ミリくらいのまるをひとつ作る。

2 まるをやさしく支えながら真ん中を指で押して、くぼみをつける。

3 くぼみの部分に幹の先をくっつけて、葉と幹を合体させる。

4 幹と葉がしっかりとくっついたら、丸く葉が茂った木のできあがり。

木の完成！

おちゃっぴのワンポイント

ようじはねじりながら入れる

ようじはねじりながら刺し込んでいくと、スムーズに奥まで入れることができるよ。普通に刺し込んでしまうと、ねんどがようじにまとわりついて、奥まで入れづらくなってしまうので気をつけよう。

ようじはねじるように刺し込む。

りんごを作る

1 アカのねんどをよくこねて、12ミリくらいのまるをひとつ作る。

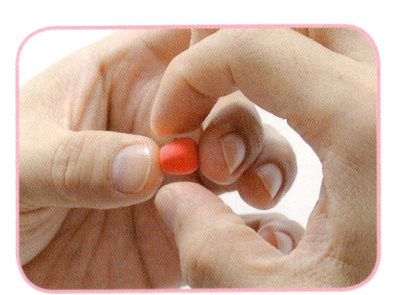

2 まるを少しだけつぶしたら、そのまま残りの表面をこすっていく。

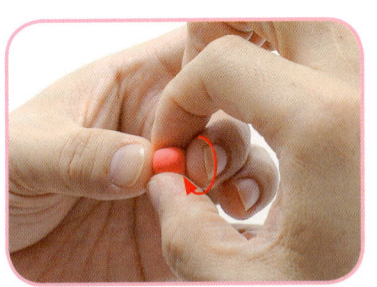

3 何度もこすりながら回転させて、片側をほんの少しだけ細くする。

4 さらに形を整えて、りんごの形に近づけていけば、本体の完成だ。

りんごの本体

もう少しでりんご完成♥

次のページにつづくよ！

りんごとみかん以外にもいろいろなくだものをくっつけてみよう！自分だけのオリジナルの木を作ってみてね

第2章 簡単なものを作ってみよう　りんごとみかんの木の作り方

りんごの果柄を作る

1 チャイロのねんどをこねて、直径4ミリくらいのまるをひとつ作る。

チャイロ こねて

2 まるを指で転がしながら、少し細長いナミダ型＊にして果柄を作る。

少し長いナミダ型
果柄だよ

果実をいっぱい実らせたいときは、木が乾かないように袋に入れておこう

3 りんごのてっぺんに、ようじを使って浅いくぼみをつける。

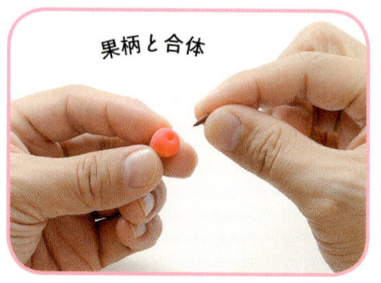

くぼみをつける

4 くぼみに果柄をくっつければ、りんごのできあがりだ。

果柄と合体

りんごができた！

りんごを木にくっつける

1 りんごをくっつけたいところに、指でくぼみをつける。

くぼませる

2 作ったくぼみに、りんごをくっつければ、りんごの木の完成だ。

りんごをつける♪
りんごはつぶさないようにね

りんごの木

みかんを作る

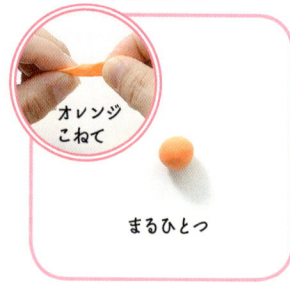

1 直径9ミリくらいのオレンジのまるを作る。

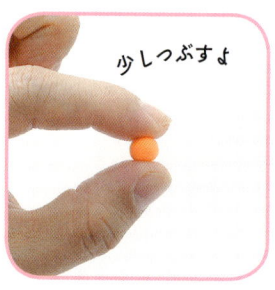

オレンジ こねて
まるひとつ

2 ほんの少しだけつぶしてみかんの形にする。

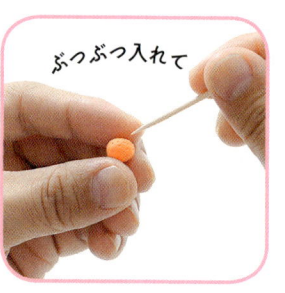

少しつぶすよ

3 ようじで、表面にぶつぶつ模様をつけていく。

ぶつぶつ入れて

4 たくさんの模様をつけたら、できあがり。

みかんの本体

＊ナミダ型の作り方は24ページを参照してね。

48

みかんの葉と果柄を作る

1 直径4ミリのミドリのまるをひとつ作る。

2 指で転がして、米粒のような形にしていく。

3 たいらにしたら、葉っぱのできあがり。

4 次に同じくらいのナミダ型を果柄に。

みかんと合体

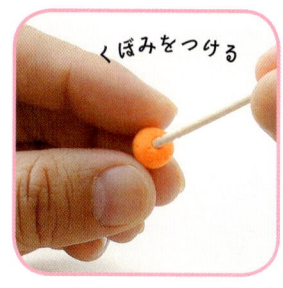

1 みかんのてっぺんにようじで穴をあける。

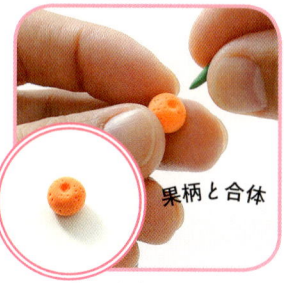

2 作った穴に果柄を刺し込んでくっつける。

3 果柄とみかんの表面に葉をくっつけて完成だ。

みかんの完成

みかんを木につける

1 みかんをくっつけたいところに、指でくぼみをつける。

2 くぼみにみかんをくっつければ、りんごとみかんの木のできあがり。

りんごとみかんの木の完成！

第2章 簡単なものを作ってみよう

りんごとみかんの木の作り方

わたしからのアドバイス

大きなものを、小さな土台で支えようとするときに、バランスが悪くなってうまくくっつかないことがあるの。そんなときは、ようじを使って固定させてみてね。

土台から取れそうなときはようじで固定してね

① 土台の真下からようじを刺し込んでいく。

② ねじりながら、固定できる奥まで入れる。

③ 余ったようじは、折って長さを整える。

49

ローソクの作り方

これまで土台にのみ使っていたマーブルのねんどを、今度は主役にしたローソクを作ってみよう。炎の表現が少し難しいかな!?

用意するねんどの色
○シロ、●キイロ、●アカ
用意するもの　ようじ

難易度：★★
制作時間目安：20分
大きさの目安：高さ50ミリ

ローソクの本体を作る

1 シロのねんどをよくこねて、直径14ミリくらいのまるをひとつ作る。

（シロこねて／まるひとつ）

2 横長になるように両指を使ってゆっくりとつぶしていく。

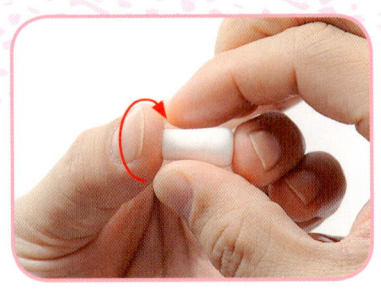

（横長につぶして）

3 両端を指で挟んでまわしながら、下側が広めの円柱の形にしていく。

赤と黄色のマーブル模様を使って炎を表現することで、かなりリアルなローソクを作ることができるよ！

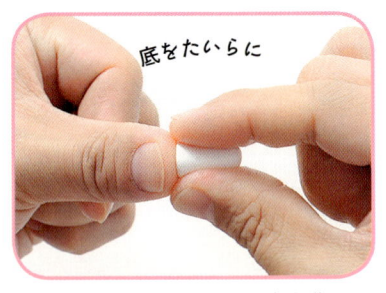

4 下側をたいらにして底を作ってローソクの本体を完成させる。

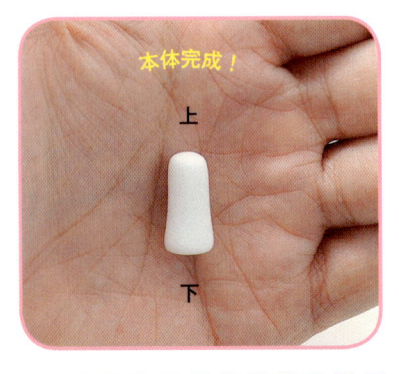

（底をたいらに）

本体完成！
上／下

ローソクの上の部分を作る

1 直径10ミリくらいのまるを用意してつぶしてハンバーグの形にする。

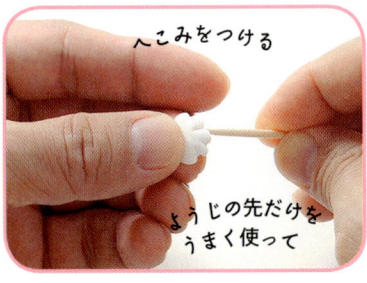

（シロまるひとつ／つぶしてハンバーグに）

2 ようじを使って、ゆっくりとこすりながらへこみをつけていく。

（へこみをつける／ようじの先だけをうまく使って）

3 でっぱりの先をつまんで、形をきれいに整えていく。

（先をつまんで）

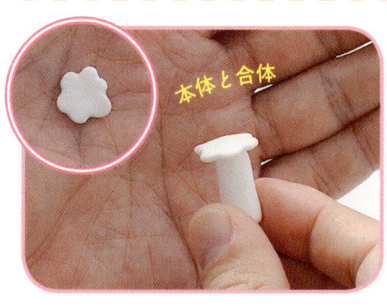

第2章 簡単なものを作ってみよう

ローソクの作り方

4 できたものをローソクの本体の上側にかぶせるようにくっつける。

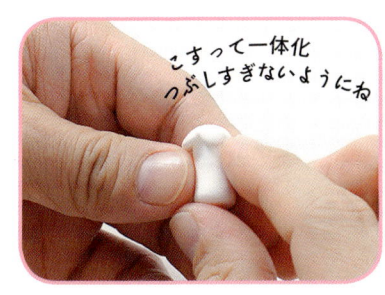

5 はみ出た部分をこすって本体の方向に折り曲げていきなじませる。

6 完全になじませれば、ローソクの完成だ。あとは炎を灯すだけ。

炎のためのマーブルを作る

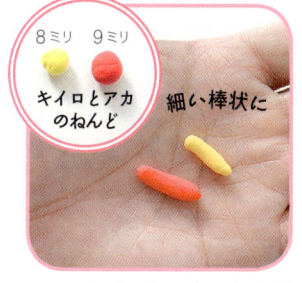

1 キイロとアカのねんどを棒状にする。

2 2本の棒を重ね合わせて、ねじっていく。

3 折り畳んでからさらに何度かねじっていく。

4 何度かねじったら、きれいなまるの形にする。

マーブルを炎にする

1 まるの端っこをつまんで、まわしてナミダ型*にしていく。

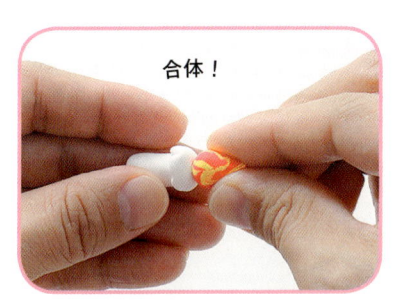

2 ナミダ型になったらローソクと合体させる。

3 先をのばして尖らせれば炎が灯ったローソクのできあがり。

＊ナミダ型の作り方は24ページを参照してね。

ローソクの完成！

全体的に時間をかけずに素早く作ろう

おちゃっぴのワンポイント

炎らしく見せるには

マーブルは、ねじる回数を変えることで、模様の間隔を調節することができる。回数を多くすればマーブル模様が多くなり、逆だと少なくなる。少ない方が炎らしくなるよ。

何度も試して理想の炎を作ろう。

シルクハットの作り方

黒色のシルクハットに挑戦してみよう。作った帽子はいろいろなキャラにかぶせてオリジナルキャラ作りに活かしてみよう。

ここがクラウン
ここがツバ

用意するねんどの色
●クロ、○シロ

難易度：★★★
制作時間目安：30分
大きさの目安：高さ30ミリ

帽子のツバを作る

クロこねて

つぶして広げる

きれいに調整
クロのおせんべい型！

1 クロのねんどをよくこねて、直径17ミリくらいのまるをひとつ作る。

2 クロまるをゆっくりつぶしておせんべいの厚さにしていく。

3 おせんべいができたら、まわりをきれいに整えてツバを完成させる。

帽子のクラウンを作る

クロこねて

1 クロのねんどをよくこねて、直径22ミリくらいのまるをひとつ作る。

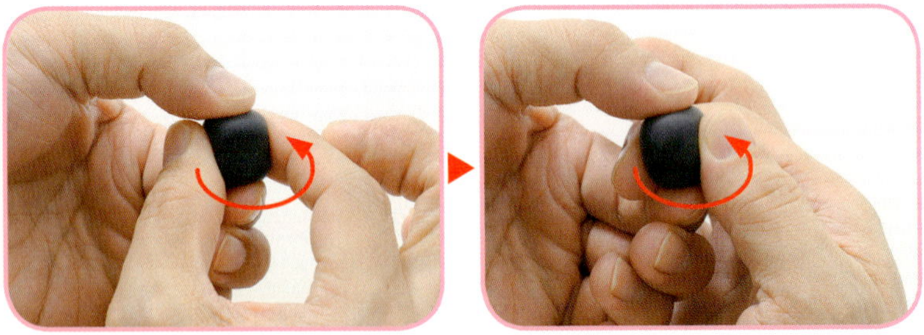

2 まるを少しつぶしてから、そのまま指ではさんだ状態で表面をなでまわしながら、円柱型を作っていく。

片方をのばしながらせばめるよ

先を調整する

クラウンのできあがり

3 さらにまわしながら、片側を少しせばめてフジサン*の形にしていく。

4 角を整えて帽子の太い方のてっぺんが少しへこんだ形にする。

＊フジサンの作り方は26ページを参照してね。

帽子のりぼんを作る

1. シロのねんどをよくこねて、直径11ミリくらいのまるをひとつ作る。 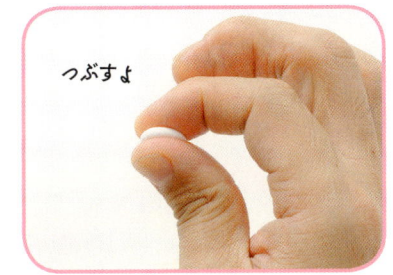 
2. まるをゆっくりとつぶしてクラウンの下側の底と同じ大きさにする。 
3. きれいに形を整えたらクラウンの下側にくっつける。 
4. 合体したら何度も表面をこすってクラウンとなじませていく。

ツバにクラウンをのせる

1. 最初に作ったツバの真ん中を指を使って少しくぼませる。
2. くぼみをつけたところに、りぼんがついたクラウンをくっつける。
3. しっかりくっついたら、微調整をしてシルクハットのできあがりだ。

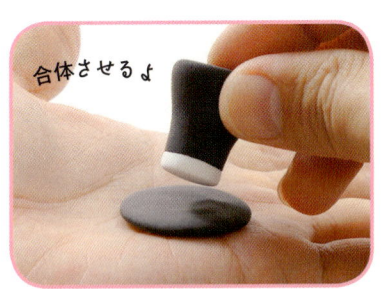

シルクハットの完成！

キャラクターにかぶらせても楽しいよ！

わたしからのアドバイス

きれいになじませるには何度もこするの

ねんどどうしをくっつけたままだと段差が目立ってきれいに見えないことがあるの。そんなときは表面を何度もやさしくこすることで、つるつるになってなじんでいくの。しわができたときも同じようにすればきれいになるわ。

STEP UP

シルクハットは表面をきれいに仕上げることで、とてもかっこ良くなるから丁寧に作ってね！

第2章 簡単なものを作ってみよう ― シルクハットの作り方

くるまの作り方

かわいいくるま作りにチャレンジしてみよう。ボディの形や色を変えれば、いろいろなタイプのくるまを作ることができるよ！

用意するねんどの色
🔵アオ、⚪シロ、🟡キイロ、⚫クロ

難易度：★★★
制作時間目安：30分
大きさの目安：高さ50ミリ

くるまのボディを作る

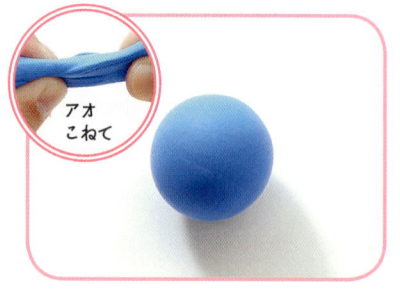

1 アオのねんどをよくこねて、直径33ミリくらいのまるをひとつ作る。

2 まずは、まるの四方を何度か押さえて横長の箱形に形を整えていく。

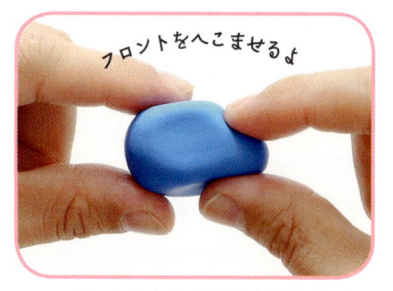

（まずは箱型に）

3 フロントになる部分を押さえてへこませていく。

（フロントをへこませる♪）

4 フロントの先をつまんで整えたら、後ろ側は丸みをつけていく。

（ボディの完成）

くるまのウインドウを作る

1 シロのねんどをよくこねて、直径8ミリくらいのまるをひとつ作る。

2 まるを両指ではさんで、俵のような横長の形にしていく。

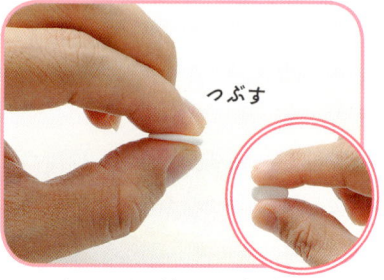

（横にのばす♪）

3 ゆっくりつぶして、小判のような形になればOKだ。

（つぶす）

54

ウインドウを取りつける

1 できた小判型のねんどをくるまのボディのフロントにくっつける。

ボディと合体

2 くっつけたら、何度かこすってボディとウインドウをなじませる。

なじませる

ウインドウがついたよ

ヘッドライトを作る

1 キイロのねんどをよくこねて、直径4ミリくらいのまるを2つ作る。

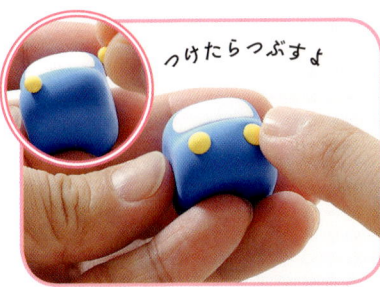

キイロこねて

2 作ったまるをくるまの前面にくっつけて、位置を調整してつぶす。

つけたらつぶすよ

あと少しで完成だ！

車輪を作る

1 クロのねんどをよくこねて、直径8ミリくらいのまるを4つ作る。

クロこねて / 4つのまる

2 4つのまるをそれぞれゆっくりとハンバーグ型につぶしていく。

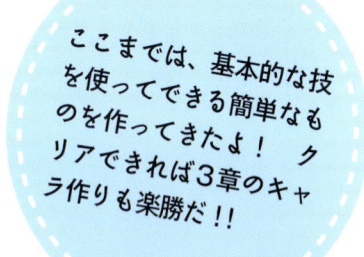

つぶすよ / クロのハンバーグ型に

車輪を取りつけて完成！

ボディにつける♪

ボディの横面に、作った車輪をくっつけていけばくるまの完成だ！

くるまのできあがり

ここまでは、基本的な技を使ってできる簡単なものを作ってきたよ！クリアできれば3章のキャラ作りも楽勝だ!!

次の章からはキャラクター作りに挑戦♥

第2章 簡単なものを作ってみよう　くるまの作り方

おちゃっぴの
楽しい作品集
②

57

コラム おちゃっぴキャラの秘密

おちゃっぴの頭のなかは
どうなっているのかな!?

　おちゃっぴの頭のなかには、無数のキャラクターたちが住んでいます。「次はボクの順番でしょ」って待っている行列があって今にもクレームが出そうなくらい。何かテーマが与えられたとき、「考える」よりも「探してくる」ということが日頃からおこなわれているのです。
　では、そのキャラクターたちは実際いつ生まれるのでしょう？　その原点は、大好きなおもちゃにあります。おちゃっぴは、フィギュアで遊ぶ、絵本を読む、映画を見るなど、さまざまなことで出会ったキャラや動物たちを、「残像」として頭に焼きつけてきました。そのキャラたちは、時間の経過とともに薄れていったり、ほかとくっついたり、変化していきます。こうしてもっとも印象に残った部分が残り、洗練された状態になって、それをヒントに新しいキャラが誕生するのです。

ボクの出番はまだかな!?

もうすぐ出番かしら!?

第3章 おちゃっぴの不思議な世界

パンダきのこ

目がパンダみたいで姿形はキノコ!? の変な生き物。大きなナミダ型にたくさんのまるをくっつけてパンダきのこを誕生させよう!!

みんなに勇気をあげるから

用意するねんどの色
○シロ、●クロ、●アカ
（土台 ●キイロ、●アオ）
用意するもの　ようじ

難易度：★★★★
制作時間目安：40分
大きさの目安：高さ70ミリ

顔を作る

まるを作る♪　シロこねて

1 シロのねんどをよくこねて、直径30ミリくらいのまるをひとつ作る。

ナミダ型

2 次に、まるの端をつまんでまわして、ナミダ型＊を作る。

← 先端

3 普通のナミダ型よりも、先端を少し丸く作るのがポイントだよ。

目を作る

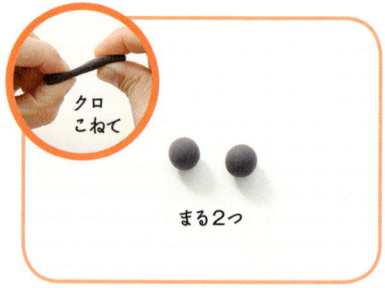

クロこねて　まる2つ

1 クロのねんどをよくこねて、直径9ミリくらいのまるを2つ作る。

つぶすよ

2 指ではさんでゆっくりとつぶし、うすいおせんべいのようにする。

2つともおせんべいに

3 もうひとつのまるも同じようにつぶして、同じ大きさにする。

＊ナミダ型の作り方は24ページを参照してね。

60

第3章 おちゃっぴの不思議な世界　パンダきのこ

4 作ったおせんべいを丁寧に顔に張りつける。

配置を考えてくっつける

5 くっつけたら、こすって顔になじませる。

こすってなじませて

> パンダのような目が特徴だから特にその配置には気を使おう！

白目をつける

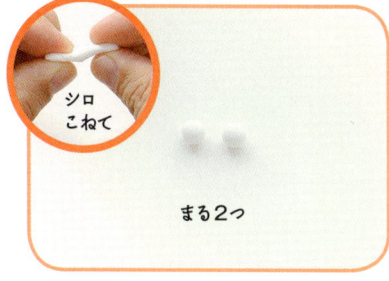

シロこねて　まる2つ

1 シロのねんどをよくこねて、直径7ミリくらいのまるを2つ作る。

2 目の黒縁の中に軽くくっつけて、白目のバランスを調整する。

つけて位置決め　白目はやや顔の中心より

3 白目の位置が決まったら、ゆっくりと押して完成だ。

黒目をつける

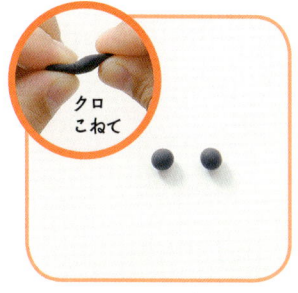

クロこねて

1 クロのねんどで直径4ミリのまるを2つ作る。

2 軽くくっつけ、黒目のバランス*を調整する。

位置を決めて

3 位置が決まったら、押しつぶしてできあがり。

押しつぶす

目が完成！

*顔のバランスの取り方は34ページを参照してね。

ボクからのヒント！　取れてしまったらボンドで接着しよう

作った作品を持ち運んだりしているうちに、鼻や耳などが取れてしまうことがあるよ。そんなときでも大丈夫！　木工用のボンドを使えば、簡単にくっつけ直すことができるんだ。ただし、つけ過ぎると、ボンドがハミ出てしまうから気をつけよう。ハミ出たボンドは固まると光って見えるから、その部分だけ目立って作品の雰囲気を損ねてしまうからね。

取れたらボンドを使ってくっつける。

まだまだ続くよ～

鼻を作る

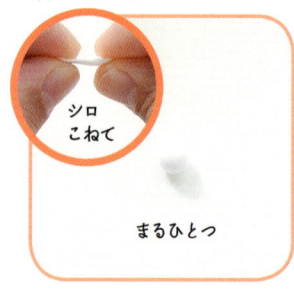

1 シロのねんどで直径7ミリのまるを作る。

2 できたまるを目の間の下にくっつける。

3 鼻の位置は黒の縁の下のラインを基準にする。

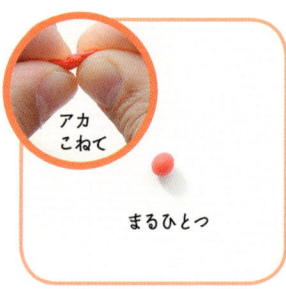

4 次にアカのねんどで直径5ミリのまるを作る。

おちゃっぴの要チェック：立体につけたい鼻は押しつけない

いろいろな形の鼻が登場するけど、立体につけたい鼻はくっつけるときの状態に注意しよう。立体の鼻は、ねんどが乾く前に素早く取りつけてしまうよ。少し乾いた状態だとくっつきづらくなるけど、乾かないうちなら力を加えなくても簡単にくっつくからね。

素早く取りつけ立体に。

5 白の鼻の先に作った赤の鼻をくっつける。

6 赤の鼻が少し上向きになるくらいがベストだ。

ようじで口を作る

1 まずは理想の位置によ うじで軽く印をつける。

2 印をつけたらさらによ うじでくぼみをつける。

3 くぼみにようじを少し刺して広げていく。

4 ようじで好みの大きさに広げたら口の完成だ。

赤い頭をつける

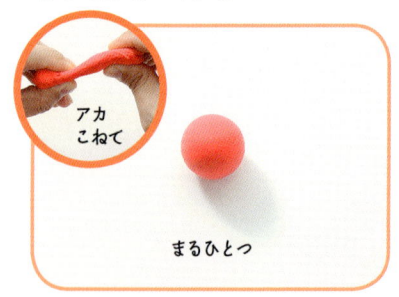

1 アカのねんどをよくこねて、直径32ミリくらいのまるをひとつ作る。

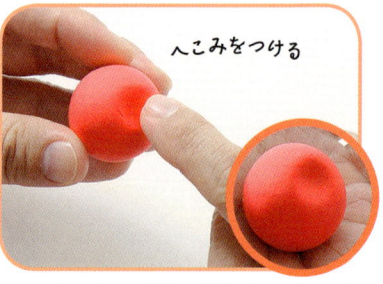

2 作ったまるに、顔をくっつけるための浅いくぼみを、ひとつつける。

3 赤まるのくぼみをつけた位置に、顔の上部をくっつける。

耳を作る

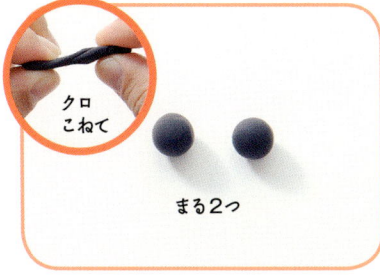

1 クロのねんどをよくこねて、直径9ミリくらいのまるを2つ作る。

2 できた2つの黒まるを、赤い頭にくっつけて耳にする。

これまで覚えた基本の組み合わせで簡単に作れるキャラだよ

第3章 おちゃっぴの不思議な世界

パンダきのこ

白い胞子をつける

1 直径3ミリの白まるをたくさん用意する。

2 赤の頭に作った小さなまるをくっつけていく。

3 たくさんのまるを頭にランダムにくっつけるよ。

マーブルの土台にのせる

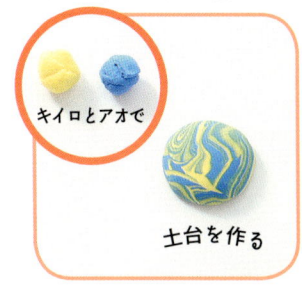

1 24ミリ大の2種のねんどで土台＊を用意する。

2 土台の真ん中を指で少しへこませる。

3 へこんだ部分にくっつけて土台にのせよう。

しっぽを作る

1 クロのねんどで直径11ミリのまるを作る。

2 お尻にくっつけてしっぽにしたらパンダきのこのできあがり。

完成だ♪

＊マーブルの土台の作り方は36ページを参照してね。

ピンクのくま

ピンク色のかわいらしいくまの登場だ。シンプルな顔だから、目、鼻、口の位置のバランスによって印象がかなり変わってくるよ。

自分の好みで作ってみてね

難易度：★★★★
制作時間目安：40分
大きさの目安：高さ70ミリ

用意するねんどの色
○シロ、●アカ、●クロ（土台）、●キイロ、●ミドリ
用意するもの　ようじ

ピンクのまるを作る

1 シロとアカを3：2で混ぜる。
（39ミリ　26ミリ　シロとアカを用意　混ぜて）

2 色ができたら、6：5くらいの塊に分ける。
（ピンク色を作る　小さい方はしまっておいてね）

顔を作る

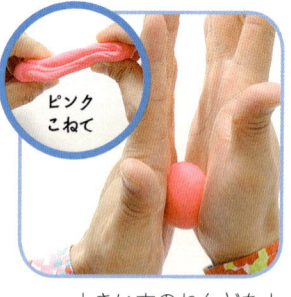

3 大きい方のねんどをよくこねて、まるを作る。
（ピンクこねて）

4 まるの大きさは直径37ミリくらい。
（まるひとつ）

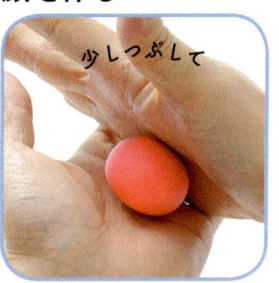

1 まるを手のひらで軽く押しつぶしていく。
（少しつぶして）

2 おまんじゅうくらいの厚みになればOK。
（おまんじゅう）

ボクからのヒント！　持つときはつぶさないように

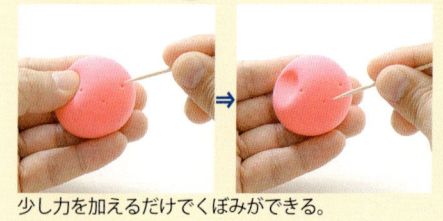

目や鼻の位置を決めたり、くっつけるときに、支えている方の指に力を加えると、きれいに作った形が崩れてしまうよ。やさしく包み込むように持って支えるように、いつも心がけてね。

少し力を加えるだけでくぼみができる。

3 ようじを使って目と鼻の位置*に印をつける。
（目と鼻の位置を決める）

＊顔のバランスの取り方は34ページを参照してね。

第3章 おちゃっぴの不思議な世界　ピンクのくま

目を作る

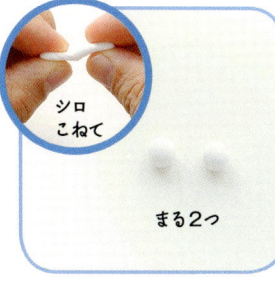

1 シロのねんどで直径8ミリのまるを2つ作る。（シロこねて／まる2つ）

2 目の印にあわせてまるの中心をくっつける。（目をつけて）

3 位置が決まったら軽く押しつぶしていく。（軽く押しつぶす）

4 この段階では少しだけくぼむ程度に押し込む。

黒目を作る

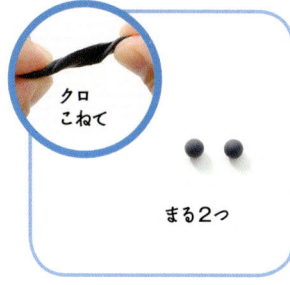

1 クロのねんどで直径6ミリのまるを2つ作る。（クロこねて／まる2つ）

2 白目の中にまるを軽くくっつけて位置決め。（位置を調節して）

3 位置が決まったらまるを強く押しつぶす。（強くつぶす♪）

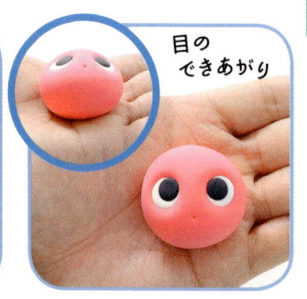

4 このくらいまで押しつぶしても大丈夫だ。（目のできあがり）

口を作る

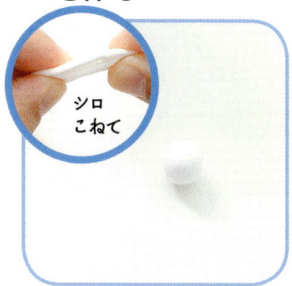

1 シロのねんどで直径14ミリのまるを作る。（シロこねて）

2 まるをゆっくりつぶしておせんべいにする。（つぶす♪）

3 鼻の印に合わせおせんべいの中心をくっつける。（おせんべいくらい／くっつけて）

4 くっつけたら、少しなじませて取りつけ完了。

口を完成させる

1 口の印をつける前に鼻の位置決めだ。（鼻の位置を決めておく♪）

2 ようじを押し込むようにして口を作っていく。（ようじで口を作る）

3 よこに引かないで、何度も押し込んで作るよ。（ようじは押し込むように／決してよこに引っ張らない）

口が完成！

残り行程はあと半分！

頭を大きめに、からだを小さめに作るとかわいくなるよ！

鼻を作る

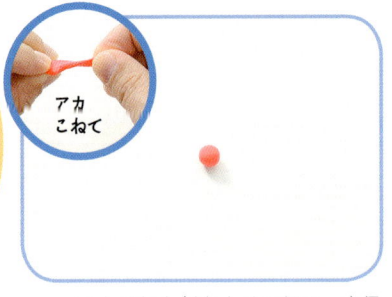

1. アカのねんどをよくこねて、直径7ミリくらいのまるをひとつ作る。

　アカ　こねて

2. 鼻の印をつけた位置に、作ったまるを軽くくっつければ鼻の完成。

　くっつける　つぶさないでね！！

耳を作る

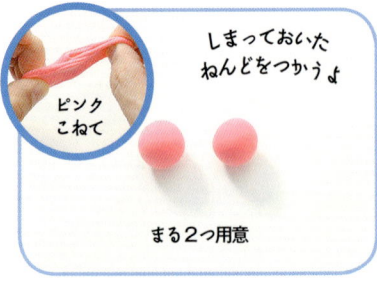

　ピンクこねて　しまっておいたねんどをつかうよ♪　まる2つ用意

1. ピンクのねんどをよくこねて、直径7ミリくらいのまるを2つ作る。

2. バランスよく頭の上にくっつけてから、少しつぶして耳にする。

　くっつける

顔の完成だ♪

からだを作る

　キイロとミドリ　マーブルの土台を作る

1. 26ミリ大の2種のねんどで土台*を用意する。

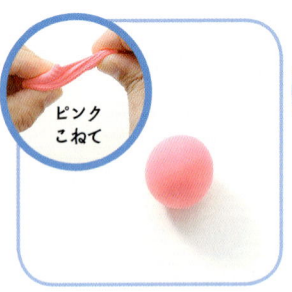

2. ピンクのねんどで直径20ミリのまるを作る。

　ピンクこねて

3. まるの端をつまんでまわしナミダ型*を作る。

　ナミダ型

4. 土台の真ん中をへこませてからだをつける。

　土台をへこませてから

おなかを作る

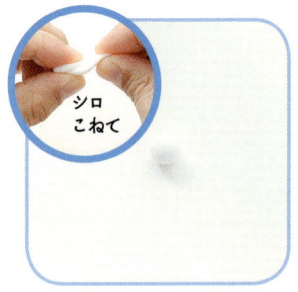

　シロこねて

1. シロのねんどで直径11ミリのまるを作る。

2. ナミダ型にしたら、つぶしてたいらにする。

　ナミダ型　つぶすよ

3. からだのおなかの位置に慎重にくっつける。

4. 何度もこすってきれいになじませていく。

　なじませる

*マーブルの土台の作り方は36ページ、ナミダ型の作り方は24ページを参照してね。

足を作る

1 ピンクのねんどをこねて、直径12ミリくらいのまるを2つ作る。

2 まるの端をつまんでまわして、少し横長のナミダ型を2つ作る。

3 からだと土台に作った足を、くっつけていけばできあがり。

頭とからだを合体

1 頭の下とからだのてっぺんに小さな穴をあける。
ケガをしないように注意してね

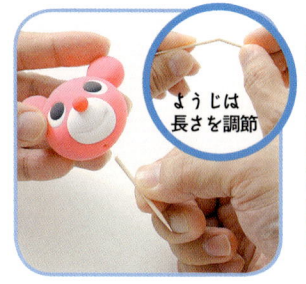

2 長さを調節したようじを頭の穴に刺し込む。

3 からだの穴にようじを刺し込んで合体させる。

4 頭をようじで突き破らないように注意する。

手を作る

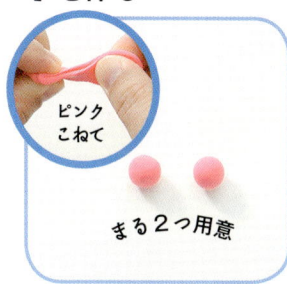

1 ピンクのねんどで直径15ミリのまるを作る。

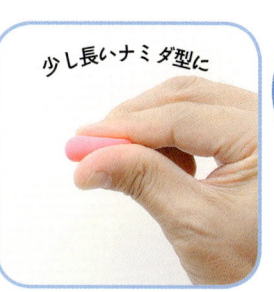

2 足よりさらに長いナミダ型にしていく。

3 作った手は肩の方からくっつけていく。

4 手の先を顔やおなかにもってくると良い感じ。

しっぽを作る

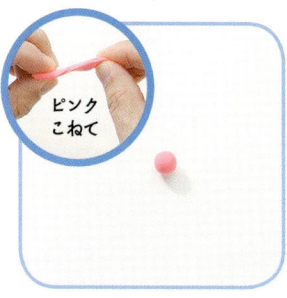

1 ピンクのねんどで直径15ミリのまるを作る。

2 お尻の位置につければ、くまのできあがり。

3 しっぽは、土台にもくっついた状態になるよ。

しばらくは油断せず注意して乾かしてね

完成！

第3章 おちゃっぴの不思議な世界　ピンクのくま

おちゃっぴの
オリジナルキャラクター紹介 ①

パンダきのこ

プロフィール

学術名 ポワンディール・クゥワノーケ

効 能 人生に迷った森の中で出会うきのこ。持ち帰って育てるととてもいい事がある。毎日話し相手になってくれるがダラダラしていたり目標を持たなかったりすると体当たりして怒ってくる。

性 格 普段は口が悪く厳しいが本当はやさしい。実はパンダきのこは寂しがりやでかまってあげないと枯れてしまう。

特 徴 頭の上の白いつぶつぶはとれてころがり、そこから新しいパンダきのこが生えて来る。ギュッとやさしく押すといい香りがする。

いいから、やれ

ピンクのくま

なんか かぶりたい

プロフィール

- **名前** おちゃっぴのところにいるピンクのくまさんは「ソフィール」という名前。
- **生態** 仲間が日本全国にいてみんな少しずつ形や色が違い、それぞれ名前がつけられている。
- **性格** 基本的に臆病で甘えん坊な性格だが一緒に住んでいる人の接し方で性格が変わる。
- **特徴** 頭の上にいろいろな物をかぶるのが好きだけど首が弱いので注意してあげないと大変なことになる。

クラウンペンギン

パンケーキ好き？

プロフィール

- **生態** もともとスカイツリーのそばに住んでいたが最近は全国に広まった。写真のクラウンペンギンさんはハワイで出会った。
- **性格** 泳ぐのが好きだがいつも日焼けを気にしてなかなか外に出ない。
- **特徴** 頭の上の王冠が特徴。仲間同士でどの王冠が一番きれいでかっこいいかいつも比べている。しかし手が短いペンギンもいてどうやって頭の上に王冠をのせるかはまだわかっていない。
- **好物** 食べ物はサカナがあまり好きでなく、おにぎりをよく食べている。

第3章 おちゃっぴの不思議な世界 キャラ紹介① パンダきのこ／ピンクのくま／クラウンペンギン

クラウンペンギン

王冠をかぶったペンギン発見!! ちっちゃな瞳がとってもキュート。王様なのか王子様なのか、あなたが作るのはどっちかな？

とっても大事な王冠だから片時も離さないよ

難易度：★★★★
制作時間目安：50分
大きさの目安：高さ80ミリ

用意するねんどの色
●クロ、○シロ、●アオ、●オレンジ、●キイロ
（土台　○シロ、●アオ）
用意するもの　ようじ

頭を作る

1 クロのねんどで直径38ミリのまるを作る。

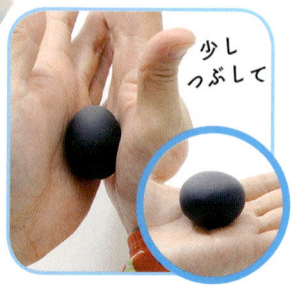

2 少しつぶして、おまんじゅうの形にする。

顔を作る

1 シロのねんどで直径15ミリのまるを作る。

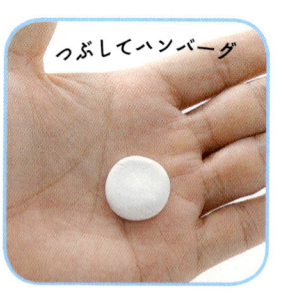

2 少しつぶして、ハンバーグの形にする。

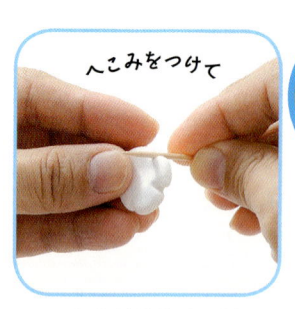

3 ようじでこすって、へこみをつけていく。

4 3つのへこみをつけたら、つまんで整える。

頭と顔を合わせる

1 顔をさらにつぶして、おせんべいの厚さになるまで均一にのばす。

2 顔ができたら、頭の前面の中心に慎重に張りつけていく。

3 何度もこすって頭と顔の境目をなじませてきれいに整える。

4 目と口の位置を決めて*ようじで印をつけておく。

5 目と口のバランスで顔の表情がかなり変わる。

目を作る

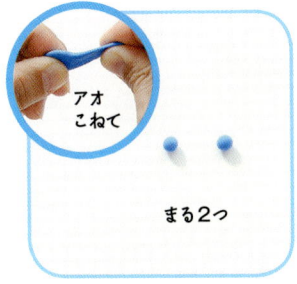

アオこねて / まる2つ

1 アオのねんどで直径2ミリのまるを2つ作る。

くっつけて

2 目の印に合わせてまるを軽くくっつける。

おちゃっぴの要チェック

手は顔やおなかにくっつけると安定感が増す

手をくっつけたら先をぶらんとさせておくよりも、からだのどこかにくっつけてしまった方が、作品としての安定感が増すよ。両手をほおやおなかにくっつけてさまざまなポーズをつけるように心がけよう。

左上から時計回りにクラウンペンギン、ピンクのくま、赤かぶライオンの作成例。

第3章 おちゃっぴの不思議な世界　クラウンペンギン

くちばしを作る

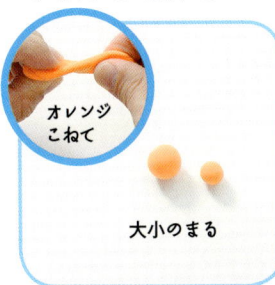

オレンジこねて / 大小のまる

1 直径10ミリと7ミリの大小のまるを作る。

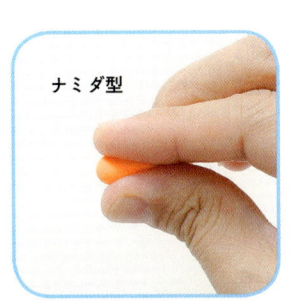

ナミダ型

2 端をつまんでまわしてナミダ型*を作る。

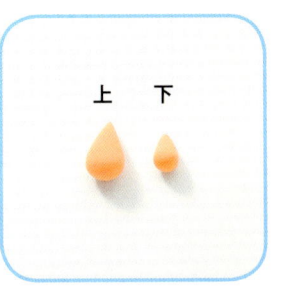

上　下

3 作ったナミダ型は少しだけつぶしておく。

上を先につけて

4 上側の大きい方を先にくっつける。

5 上くちばしは、垂直よりやや上向きにくっつけるくらいがよい。

下をつけて

6 残りを、口が45度くらいの角度で開いた感じになるようにつける。

顔の完成！

＊顔のバランスの取り方は34ページ、ナミダ型の作り方は24ページを参照してね。

71

王冠を作る

1 キイロのねんどで直径17ミリのまるを作る。（キイロこねて／まるひとつ）

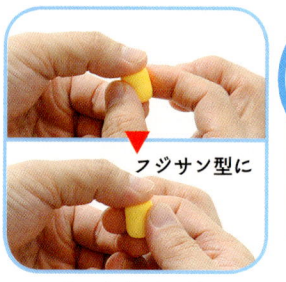

2 まるを軽くつぶしてフジサン型*にしていく。

3 ようじを使って少し深い穴を上側にあけていく。（上側が広い方／ケガしないようにね／穴をあけて）

4 ようじでこすって5つのくぼみをつける。（5つのくぼみ）

5 先をつまんで少しのばして形を整える。（先をつまんで）

6 残りの先も同じようにのばして整える。（整える）

7 ようじでさらにくぼませたりしながら微調整。（微調整をして／できた）

8 作った王冠を頭のてっぺんにくっつける。（くっつけて）

> クラウンペンギンの王冠の真ん中には、ハート以外にほしなどの違う形のものを作って、くっつけても楽しいよ！

王冠に飾りをのせる

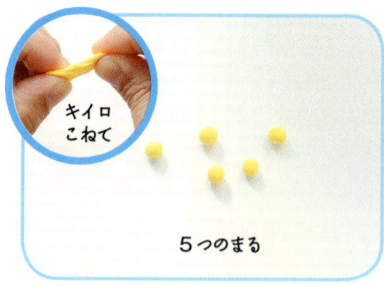

1 キイロのねんどをこねて、直径4ミリくらいのまるを5つ用意する。（キイロこねて／5つのまる）

2 作った5つのまるを、ひとつずつ5つの出っぱりの先にくっつける。（先っぽにつけるよ）

王冠にハートをつける

1 キイロのねんどで直径7ミリのまるを作る。（キイロこねて／まるひとつ）

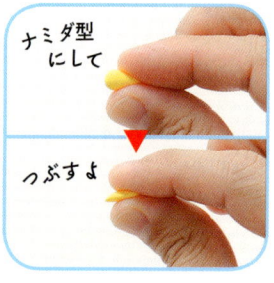

2 ナミダ型*にしてから、指でおしつぶす。（ナミダ型にして／つぶすよ）

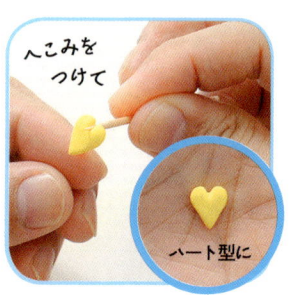

3 ようじでこすってへこみをつけてハート型*に。（へこみをつけて／ハート型に）

4 王冠の中心にくっつければできあがり。（王冠につけて／完成！）

*フジサン型の作り方は26ページ、ナミダ型の作り方は24ページ、ハート型の作り方は25ページを参照してね。

72

第3章 おちゃっぴの不思議な世界

クラウンペンギン

からだを作る

1 クロのねんどで直径19ミリのまるを作る。
（クロこねて／まるひとつ）

2 端をつまんでまわしてナミダ型のからだ作成。
（ナミダ型）

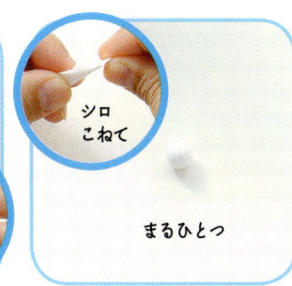

3 シロのねんどで直径9ミリのまるを作る。
（シロこねて／まるひとつ）

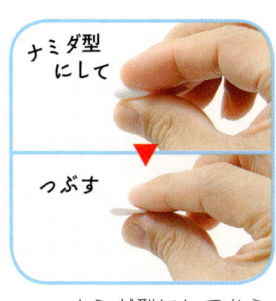

4 ナミダ型にしてから、指でおしつぶす。
（ナミダ型にして／つぶす）

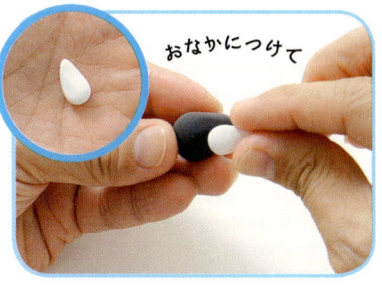

5 作ったシロのおなかを、からだの中心に張りつけていく。
（おなかにつけて）

6 何度もこすって、おなかとからだをきれいになじませていく。
（きれいに整える）

7 完成したからだを、頭の下側の真ん中辺りにくっつける。
（頭と合体！）

足を作る

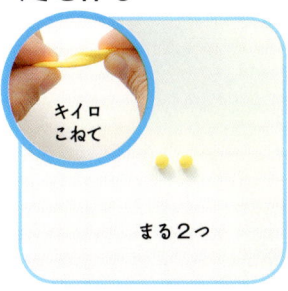

1 キイロのねんどで直径5ミリのまるを作る。
（キイロこねて／まる2つ）

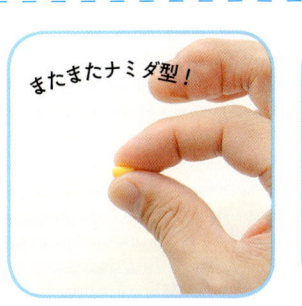

2 端をつまんでまわして、ナミダ型にする。
（またまたナミダ型！）

3 からだにくっつければ、足のできあがり。
（からだにつけて／足の完成！）

腕を作って完成

1 クロのねんどで直径11ミリのまるを2つ作る。
（クロこねて／まる2つ）

2 少し細長のナミダ型を作り押しつぶす。
（少し長いナミダ型／つぶして）

3 肩の方からくっつければ、腕のできあがり。
（腕を2つ作ったら／からだにくっつける）

腕の長さは自由だ♪！

73

赤かぶライオン

赤かぶのような頭!? に凛々しい顔立ちで現れたのは赤かぶライオン。頭についているのはクキなのか髪の毛なのか…

頭の先にはクキが生えているのかな？

難易度：★★★★★
制作時間目安：50分
大きさの目安：高さ80ミリ

用意するねんどの色
● アカ、○ シロ、● ミドリ、● クロ、● オレンジ
（土台 ● オレンジ、● アカ、● クロ、○ シロ）
用意するもの ようじ

顔を作る

1 アカのねんどで直径35ミリのまるを作る。

アカ こねて / まるひとつ

2 少しつぶして、おまんじゅうの形にする。

少しつぶして

口を作る

3 ようじで、目と鼻の位置に印をつけておく。

目と鼻の位置決め

1 ようじで印をつけて、形を決めておく*。

まずは目印をつける

2 印に沿って、ようじを何度も押し込んでいく。

何度も押し込むよ

3 少しずつ何度も押し込んで、口を作っていく。

口の完成！

白目を作る

1 シロのねんどをよくこねて、直径8ミリくらいのまるを2つ作る。

シロこねて / まる2つ

2 目の印にあわせてまるをくっつけ、位置を調整していく。

くっつけてから

3 白目の位置が決まったら、指の腹で軽く押しつぶしていく。

押しつぶす

*顔のバランスの取り方は34ページを参照してね。

目のフチを作る

1 ミドリのねんどで直径5ミリのまるを作る。

2 白目の内側にまるをくっつけて位置を調整。

3 位置が決まったら軽く押しつぶしていく。

4 この段階では少しだけくぼむ程度に押し込む。

黒目を作る

1 クロのねんどで直径4ミリのまるを2つ作る。

2 目をつける位置に、ようじで印をつけておく。

3 印に合わせて、軽くくっつけて位置を微調整。

4 位置が決まったら強く押しつぶしていく。

目を完成させる

1 シロのねんどで直径1ミリのまるを2つ作る。

2 軽く黒目の内側にのせて位置を調整する。

3 位置が決まったら軽く押しつぶしていく。

目の完成！

第3章 おちゃっぴの不思議な世界 赤かぶライオン

ボクからのヒント！

口を作るときはようじを押し込むようにする！

まずはようじで印をつけて作りたい口の形を先に決めておく。印に沿って口を作るときは、ようじで何度も刺し込むようにしてつなげていくよ。ようじでよこに引っ張って口の形を作っていくと、ねんどがようじに引っ張られて表面が汚くなってしまうから気をつけてね。

ようじを何度も刺し込む

次のページへ続くよ

75

鼻を作る

1. シロのねんどで直径8ミリのまるを作る。
2. 少しつぶしてハンバーグくらいの厚みにする。 
3. 指で三角にはさんで、おむすび型にする。 
4. ようじで印をつけた位置に慎重にくっつける。 

鼻を完成させる

1. ミドリのねんどをよくこねて、直径5ミリくらいのまるを作る。 
2. 白鼻の先に軽くくっつければ鼻の完成。鼻は押しつぶさない。

たてがみを作る

1. オレンジのねんどで直径27ミリのまるを作る。
2. まるを転がして真ん中がやや太い棒状にする。 
3. 適当な長さにしたら、頭の上にくっつける。 
4. アゴの辺りまでつけて先をくるっと巻く。 

耳を作る

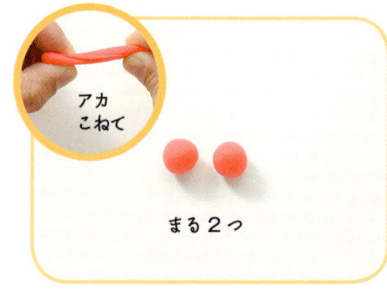

1. アカのねんどをよくこねて、直径10ミリくらいのまるを2つ作る。
2. 端をつまんでまわしてナミダ型*にしたら、少しだけつぶしていく。 
3. 2つとも同じように作ったら、頭にくっつけて耳にする。 

*ナミダ型の作り方は24ページを参照してね。

耳を完成させる

1 シロのねんどで直径5ミリのまるを2つ作る。

2 ナミダ型にしたら、少しだけつぶしていく。

3 耳の内側にくっつけたらこすってなじませる。

4 耳の中心に張りつけるのがポイント。

髪の毛を作る

1 ミドリの5ミリのまるを10コくらい用意する。

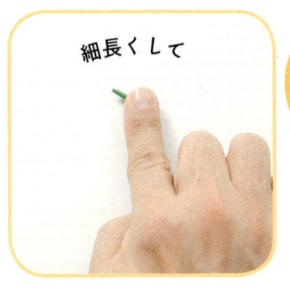

2 まるを転がして、細長い棒状にしていく。

3 棒状のものをいくつか作ったら束ねていく。

4 10本くらいの棒を束ねていけばOKだ。

5 頭のてっぺんにようじを刺して穴をあける。

6 できた穴を髪の毛が入る大きさに広げる。

7 広げた穴に、髪の毛を刺し込む。

8 最後にようじできれいに整えたらできあがり。

おちゃっぴの要チェック

くるっと巻くとかわいさが強調されるよ

かわいさを表現するのが難しいと思ったときは、とにかく巻いてみよう。くるくる巻くと、とってもかわいらしく見えるんだ。耳や鼻をくるっと巻いた形のものに変えるだけでもかなり雰囲気が変わるので試してみよう。

第3章 おちゃっぴの不思議な世界　赤かぶライオン

まだまだ続くよ

からだよりも頭を大きくすることによって、キャラクターのかわいらしさが強調されるんだ！

からだを作る

アカこねて / **まるひとつ**

1 アカのねんどをよくこねて直径20ミリのまるをひとつ作る。

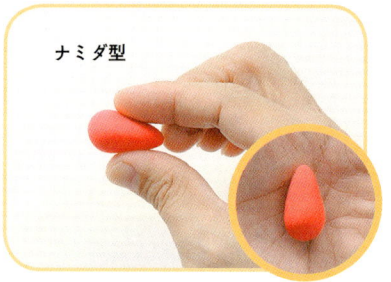

ナミダ型

2 まるの端をつまんでまわして、ナミダ型を作ればからだの完成だ。

おなかを作る

シロこねて / **まるひとつ**

1 シロのねんどで直径10ミリのまるを作る。

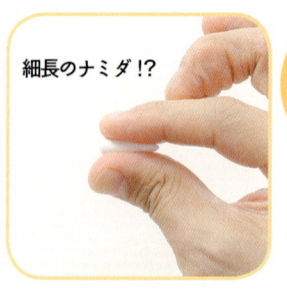

細長のナミダ!?

2 端をつまんでまわして、細長のナミダ型にする。

つぶして

3 押しつぶして、おせんべいの厚さにする。

くっつける

4 できたものを、からだにくっつけていく。

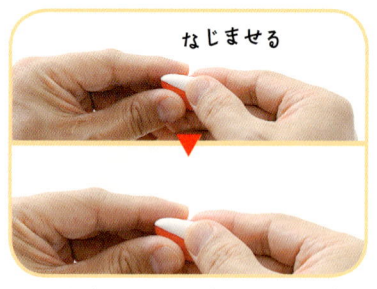

なじませる

5 何度もこすることで、おなかとからだの境目をなじませていく。

先をたいらに

6 頭をくっつける部分となるてっぺんを、指で押さえてたいらにする。

からだの完成

頭とからだをつける

くっつけて

1 たいらにした部分と、頭の下側のたてがみの後ろ辺りをくっつける。

2 少し力を加えて、しっかりとくっついたかどうかも確認しておこう。

78

足を作る

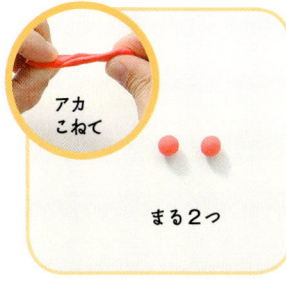

1 アカのねんどで直径6ミリのまるを2つ作る。

2 端をつまんでまわして、細長のナミダ型にする。

3 からだにくっつければ、足のできあがり。

腕を作る

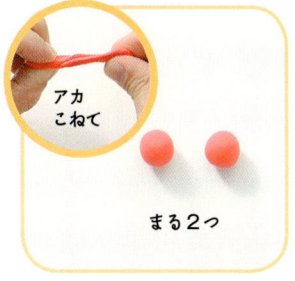

1 アカのねんどで直径10ミリのまるを2つ作る。

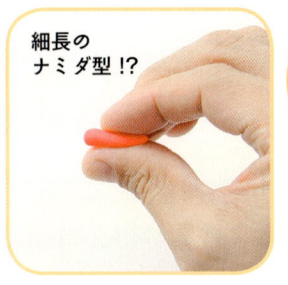

2 端をつまんでまわして、足より長めのナミダ型。

3 腕は、からだの肩の位置からつけていく。

4 腕を曲げて、たてがみにくっつけて完成だ。

しっぽを作って完成

1 アカのねんどで直径12ミリのまるを作る。

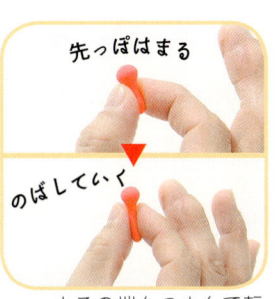

2 まるの端をつまんで転がして、のばしていく。

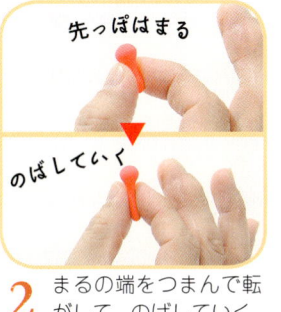

3 お尻にしっぽが入るくらいの穴をあける。

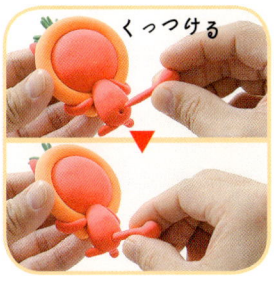

4 穴にしっぽを刺し込んで、くっつける。

5 最後につけたしっぽを曲げて前方に向ける。

＊マーブルの土台の作り方は36ページを参照してね。

マーブルの土台の上に飾ってね

第3章 おちゃっぴの不思議な世界　赤かぶライオン

79

おちゃっぴの
オリジナルキャラクター紹介 ②

赤かぶライオン

プロフィール

生態 気がやさしく、狩りができなかったライオンが仕方なく草食動物のように草ばっかり食べていたらこうなった。

食べ物 特に赤いカブのような「レドブッカ」という不思議な草を毎日食べていた。(「レドブッカ」アフリカの乾燥地帯に生える植物。昔から占いや魔術に使われ、人が食べると体が赤くなる。)

特徴 赤かぶライオンさんは畑を耕し野菜を作ってほかの動物たちに分け与えている。「食べてみて。」「これも食べてみて。」が口癖。友達の『クサウサギ』『キュウリワニ』と暮らしている。将来の夢は「赤かぶレストラン」の経営。

ボクの野菜食べてみてね

好きな人はいるんだけど

キノボリおさる

プロフィール

生息地 遠い遠い南の島に住んでいる。

生態 群れで生きるのがいやでひとりでこの小さな島にやってきた。

性格 時々寂しくなって群れに会いにいくのだが普段はひとりが好きらしい。島は浮き島でいろいろな国に流れ着く。友だちは意外に多いが数年に一度しか合わない。

特徴 しっぽを海にたらして釣りをするがめったに釣れない。趣味はイタリア旅行。将来の夢は結婚。

第3章 おちゃっぴの不思議な世界 キャラ紹介② 赤かぶライオン／キノボリおさる

キノボリおさる

どこかで見覚えがあるかわいい顔でしょ？

しっぽを巻きつけてヤシの木に登っているさるの登場だ。口の片側をくるっと巻いて愛くるしい顔ができるかな。

用意するねんどの色
●オレンジ、●アカ、●クロ、○シロ、●キイロ、●ミドリ
（土台 ●アオ、○シロ、●ミドリ）

用意するもの　ようじ

難易度：★★★★★
制作時間目安：60分
大きさの目安：高さ90ミリ

頭を作る

1 3種を7：4：4で混ぜ合わせる。（35ミリ・20ミリ・20ミリ　オレンジとアカとクロこねて）

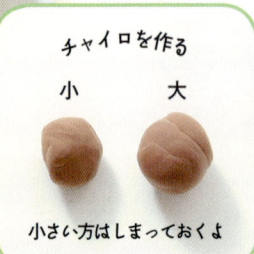

2 作ったチャイロの塊を2：3くらいに分ける。（チャイロを作る　小　大　小さい方はしまっておくよ）

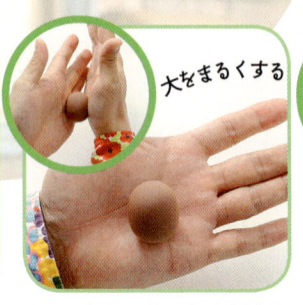

3 大きい方のねんどをよくこねて、まるを作る。（大をまるくする）

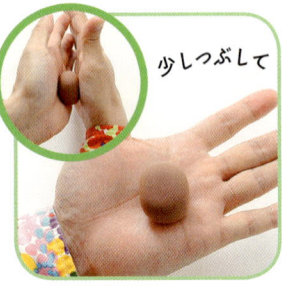

4 まるを軽く押しつぶしておまんじゅうにする。（少しつぶして）

顔を作る

1 シロとアカを2：1で混ぜあわせてピンクのねんどを作る。（12ミリ　6ミリ　シロとアカを用意）

2 ピンクのまるを作って、中央をつまんでまわしてひょうたん型にする。（まるひとつ　ひょうたん型に）

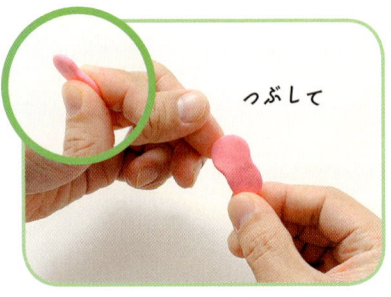

3 ひょうたんをつぶして、おせんべいの厚さくらいにする。（つぶして）

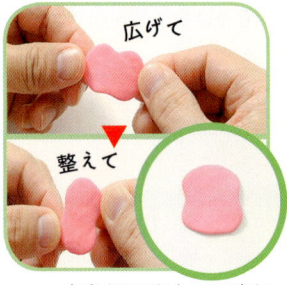

4 さらにつまんで丁寧に広げて整えていく。（広げて　整えて）

5 できた顔を、頭の中央に慎重にくっつける。（形にこだわりすぎず素早くやるよ　くっつけて）

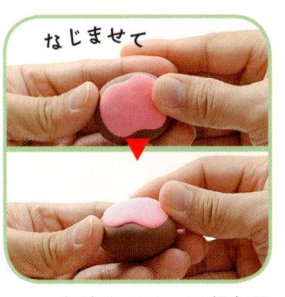

6 何度もこすって顔と頭をなじませていく。（なじませて）

7 ようじで目と鼻の位置＊に印をつけておく。（目と鼻の位置を決める）

＊顔のバランスの取り方は34ページを参照してね。

口を作る

まずは印をつける / 少しずつ押し込んで / 横に引いたらダメ / 何度もくり返すよ

1. おおよその形をようじで印をつけて決める。
2. 印に沿って、ようじを何度も押し込んでいく。 
3. 少しずつ何度も押し込んで口を作っていく。 
4. 繰り返すことでなめらかな口ができあがる。 

目を作る

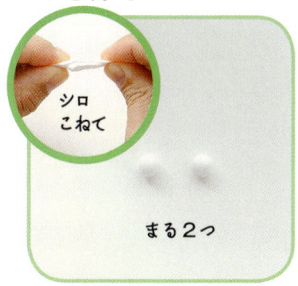

シロこねて / まる2つ / くっつけてから / 押しつぶす / しまっておいたチャイロを使うよ / チャイロこねて / まる2つ

1. シロのねんどで直径6ミリのまるを2つ作る。 
2. 軽くくっつけて、白目のバランスを調整する。 
3. 位置が決まったら、押しつぶして完成だ。 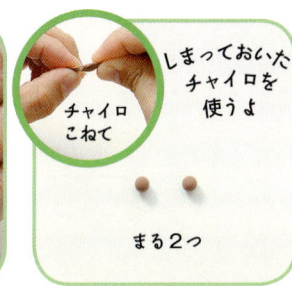
4. チャイロのねんどで直径4ミリのまるを作る。

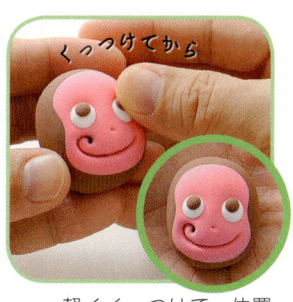

くっつけてから

5. 軽くくっつけて、位置を調整して押しつぶす。

ボクからのヒント！ アシンメトリー（左右非対称）にして自然さを

作品作りを初めて経験するとき、顔や全体を左右対称に丁寧に作ろうと努力しがちになるよね。これはとっても大切なことだけど、自然さを出すには、少し形を崩すことも必要になってくるよ。自然界に存在しているものをよく観察して、このバランス感覚を養ってみよう。魅力的な作品作りの近道になるからね！

鼻を作る

アカこねて / まるひとつ / くっつける / 鼻はつぶさないようにね

1. アカのねんどをよくこねて、直径7ミリくらいのまるをひとつ作る。 
2. 鼻の印をつけた位置に、作ったまるを軽くくっつければ鼻の完成。

第3章 おちゃっぴの不思議な世界 キノボリおさる

まだまだ続くよ

83

耳を作る

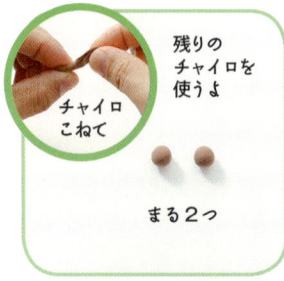

1 チャイロのねんどで直径9ミリのまるを作る。

2 できた2つのまるを、頭のよこに軽くつける。

3 取りつけた耳の先を、少しだけつぶす。

4 ようじの太い方を使い耳の中心をくぼませる。

髪の毛を作る

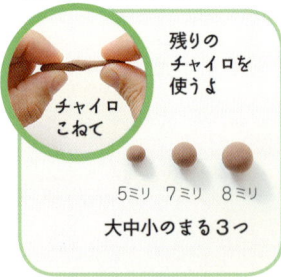

1 直径7ミリ前後の大中小のまるを作る。

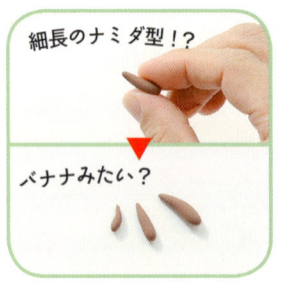

2 できたまるをナミダ型*にしていく。

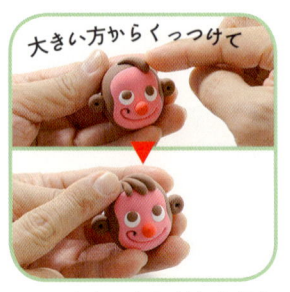

3 大きいナミダを右から順に頭にくっつける。

4 少し斜めにつけていくのがポイントだ。

木の幹を作る

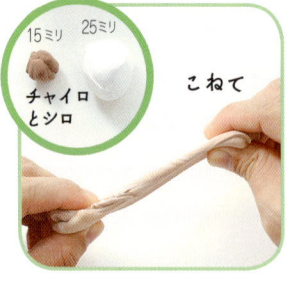

1 チャイロとシロを3：5で混ぜる。

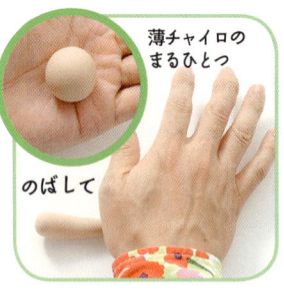

2 薄チャイロを作って、まるにしてからのばす。

3 先をだんだんと細くしていき、少し曲げる。

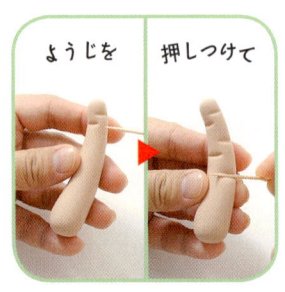

4 ようじで幹をこすって、切れ込みを入れていく。

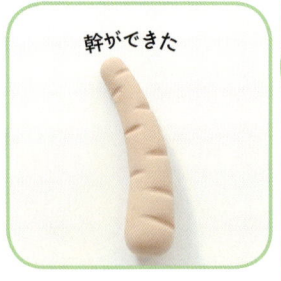

ヤシの木を完成させる

5 交互に切れ込みを入れて幹に模様をつける。

1 キイロとミドリを5：2で混ぜる。

2 キミドリができたら、まるからナミダ型*へ。

3 のばして先を曲げたら、薄くなるまでつぶす。

*ナミダ型の作り方は24ページを参照してね。

第3章 おちゃっぴの不思議な世界

キノボリおさる

4 ようじでこすってへこみを2つつけていく。

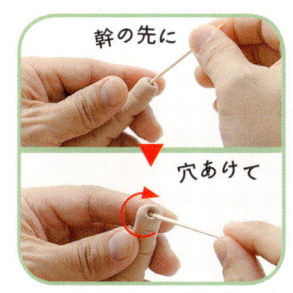

5 ようじで、幹の先に少し大きな穴をあける。

6 できたヤシの葉を穴にくっつけていく*。

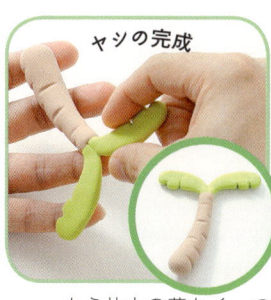

7 もう片方の葉もくっつけたら、できあがり。

さるのからだを作る

1 チャイロのねんどをよくこねて直径16ミリのまるをひとつ作る。

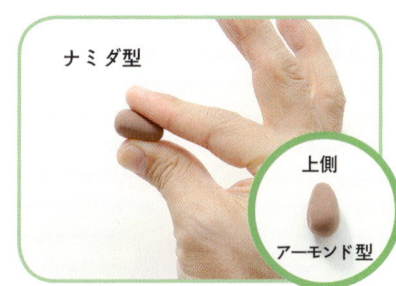

2 まるの端をつまんでまわして、アーモンドに近いナミダ型を作る。

3 ヤシの幹の中間あたりの位置に、からだをくっつける。

さるのえりを作る

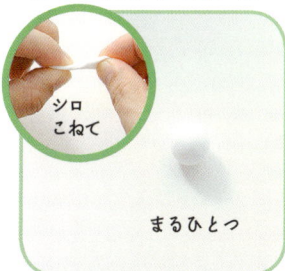

1 シロのねんどで直径10ミリのまるを作る。

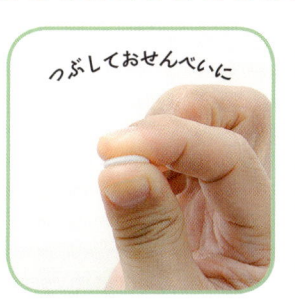

2 おせんべいくらいの厚さにつぶしていく。

3 ようじでこすってへこみをつけていく。

4 へこみをいくつかつけたら、からだと合体。

5 指でなでて、からだとなじませていく。

6 ヤシとからだを支えながら、へこみをつける。

7 へこみをつけたところに顔をくっつける。

あと少しで完成だ♪

*ヤシの葉はどうしても下がってくるので、これからの作業は乾かしながら注意してすすめるよ。

85

腕を作る

1 チャイロのねんどで直径11ミリのまるを作る。(まる2つ／チャイロこねて)

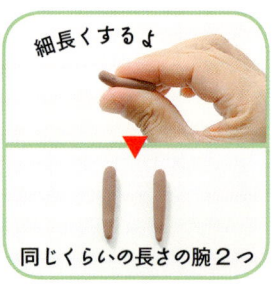

2 指で転がしながら、細長くのばしていく。(細長くする♪／同じくらいの長さの腕2つ)

3 作った手は肩の方からくっつけていく。(肩からくっつけて)

4 左腕の手は、幹の前方にくっつける。(幹にくっつける♪)

> 腕や足で木にぶら下がっている感じをうまく出そう

5 右腕は幹の後ろ側の肩のところにくっつける。(右腕は幹の後ろから)

6 幹に手をまわすように曲げて幹にくっつける。(曲げてくっつける)

腕の完成だ！

足を作る

1 チャイロのねんどで直径8ミリのまるを作る。(まる2つ／チャイロこねて)

2 端をつまんでまわして、細長のナミダ型を作る。(ナミダ型)

3 からだの下にくっつけて足のできあがり。(からだの下にくっつけて)

足ができた

しっぽを作る

1 チャイロのねんどで直径20ミリのまるを作る。(まるひとつ／チャイロこねて)

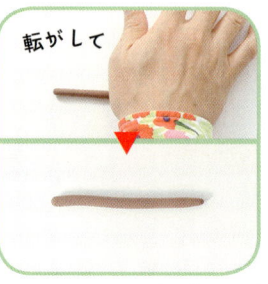

2 手のひらで転がしながら、細長くのばす。(転がして)

3 からだのお尻のところにようじで穴をあける。(お尻に穴をあけて)

4 しっぽを刺し込めるくらいまで穴を広げる。(穴を広げて)

86

第3章 おちゃっぴの不思議な世界

キノボリおさる

5 広げた穴に、しっぽの先をくっつける。

6 しっぽを曲げて、幹に巻きつける。

しっぽをくっつける / 幹に巻きつけるよ

7 ひと巻きくらいしたら先まで幹にくっつける。

完成まであと少し！

土台を作る

1 2：3の割合で用意し土台＊を作る。

24ミリ 36ミリ アオとシロで / マーブルの土台を作る

2 ミドリのねんどで直径32ミリのまるを作る。

ミドリこねて / まるひとつ

3 ハンバーグ型につぶして、へこみをつける。

つぶしてハンバーグに / へこみをつけて

4 へこみをつけたら、先をつまんで整えていく。

先を整えるよ

5 マーブルの土台の上にかぶせるように合体。

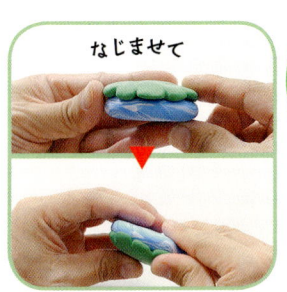

土台と合体！

6 指でこすって、土台となじませて整えていく。

なじませて

7 真ん中を、指でへこませてくぼみを作る。

真ん中にくぼみをつける

台にのせて完成

1 幹の下側中央に、ようじを刺し込んでいく。

幹にようじを刺す

2 幹の芯に沿って、ねじりながら深く刺し込む。

ねじりながら刺して

3 土台の厚さくらいようじを残し、合体させる。

合体させたら

完成した♪！

＊マーブルの土台の作り方は36ページを参照してね。

87

フラワーきのこ

わたしの口は舌がくっついた特別製だよ

パンダきのこに続いて2種類目のきのこの登場だ。花飾りがかわいいフラワーきのこ。特別にへらを用いて口を作るよ。

へらがないときは、とりあえず耳かきとか使うとイイネ。

用意するねんどの色
○シロ、●キイロ、●オレンジ、●アカ、●クロ、●ミドリ、●アオ
（土台　○シロ、●アカ、●キイロ）

用意するもの　ようじ、へら

難易度：★★★★
制作時間目安：50分
大きさの目安：高さ60ミリ

顔を作る

1 3種を12：5：4で混ぜ合わせる。（36ミリ、15ミリ、12ミリ　シロとキイロとオレンジ）クリームを作る

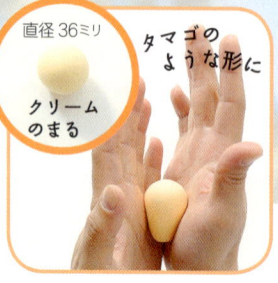

2 まるを作って、さらにタマゴ型にしていく。（直径36ミリ　クリームのまる）タマゴのような形に

3 形をきれいに整えて、顔の形のできあがり。整えて

4 ようじで目と鼻の位置に穴をあけておく。目と鼻の位置を決める♪

口を作る

1 おおよその口の形を、ようじで穴をあけて先に決めておく。先に目印をつけていく♪

2 写真のように、ようじを少しずつ何度も押し込んで、口を作っていく。何度も押し込む♪

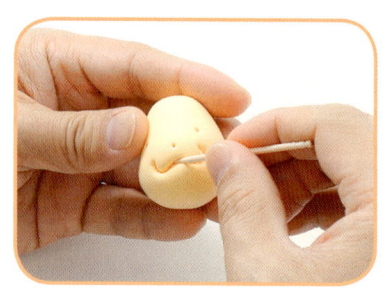

3 何度も繰り返し押し込むことで、なめらかな口ができあがる。

4 へらを軽く押し込み、口を上下に広げていく。へらを使って

5 ゆっくりと、少しずつ丁寧に広げていく。少しずつ広げていく♪

6 形をきれいに整えれば、開いた口のできあがり。

目を作る

1 シロのねんどで直径8ミリのまるを2つ作る。

2 軽くくっつけて、白目のバランスを調整する。

3 位置が決まったら、押しつぶして完成だ。

4 白目の段階では、このくらいつぶせばOK。

瞳を作る

1 3種を4：3：2で混ぜ合わせる。

2 チャイロのねんどで直径6ミリのまるを作る。

3 軽くくっつけて、瞳の位置＊を調整する。

4 決まったら、押しつぶして目の完成だ。

鼻を作る

1 チャイロのねんどで直径7ミリのまるを作る。

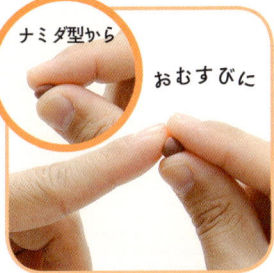

2 指で三角にはさんで、おむすび型にする。

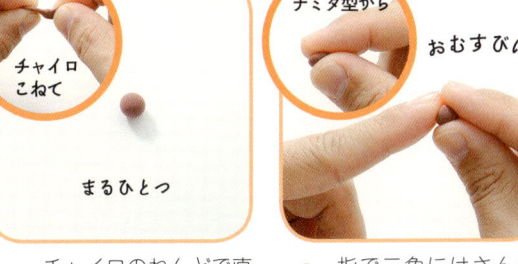

3 ようじで印をつけた位置に慎重にくっつける。

4 ぺちゃんこにならないように軽く押しつける。

＊顔のバランスの取り方は34ページを参照してね。

第3章 おちゃっぴの不思議な世界　フラワーきのこ

おちゃっぴの要チェック

便利なアイテムへらを使おう

おちゃっぴねんどは、基本的にようじのみでもキャラクター作りをできるけど、へらを使えばさらに表現の幅が広がっていくよ。口を押し広げたりするときに使うと、とっても便利なんだ。へらは、DIY店や文具店などで取り扱っているので探してみてね。

まだまだ続くよ

舌を作る

1 シロとアカを5:3で混ぜる。

2 ピンクのまるを作って、さらにナミダ型*にする。

3 ナミダを少しつぶして、ひらべったくする。

4 ようじを使ってたてに、くぼみをつけていく。

5 口の下側に、作った舌をくっつける。

6 ようじで舌を軽く押さえて口にしっかりつける。

顔の完成

髪を作る

1 オレンジのねんどをこねて、直径23ミリくらいのまるをひとつ作る。

2 つぶしてハンバーグ型にしたら、ようじでへこみをつけていく。

3 同じ大きさのへこみを作ったら、先をつまんできれいに整える。

4 作った髪を、頭のてっぺんから、かぶせるようにくっつけていく。

5 やさしくなでながら、顔と髪をなじませていけばできあがり。

髪の完成

*ナミダ型の作り方は24ページを参照してね。

帽子を作る

1 キイロとミドリを5：3で混ぜる。
（30ミリ　18ミリ　キイロとミドリで　*キミドリ作る）

2 まるを作って、つぶしておまんじゅうにする。
（直径32ミリ　キミドリのまる）

3 真ん中をくぼませて、帽子型にしていく。
（帽子の形に）

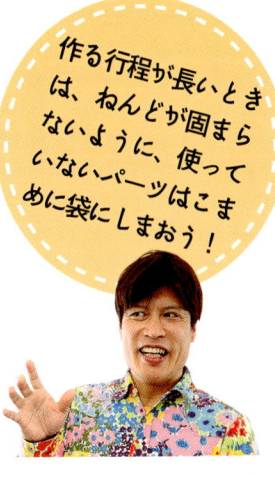

作る行程が長いときは、ねんどが固まらないように、使っていないパーツはこまめに袋にしまおう！

4 きれいに整えれば、帽子のできあがり。
（整える）

5 作った帽子を、慎重に髪にくっつける。
（くっつける）

6 やさしくなでて、髪となじませて整えていく。
（なじませて）

（帽子ができた）

頭上の花を作る

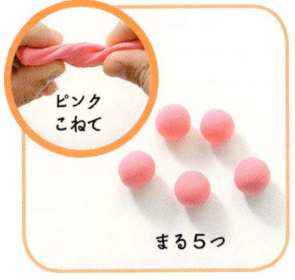

1 ピンクのねんどで直径15ミリのまるを作る。
（ピンクこねて　まる5つ）

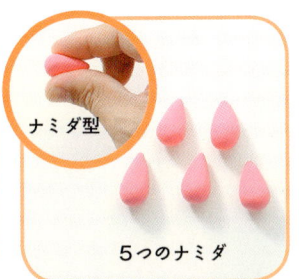

2 できた5つのまるを、ナミダ型にしていく。
（ナミダ型　5つのナミダ）

3 ナミダ型をつぶして、花びらにする。
（つぶして）

4 花の形に並べて、ねんどうしをくっつける。
（花の形に）

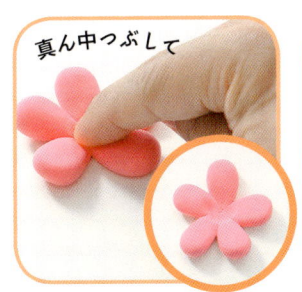

5 花の真ん中を、指で軽くつぶしておく。
（真ん中つぶして）

6 帽子のてっぺんからやや手前にくっつける。
（帽子にくっつける）

7 へこみの部分を押してしっかりとつける。
（へこみを押す）

第3章　おちゃっぴの不思議な世界　フラワーきのこ

あと少しで完成だよ！

91

花を完成させる

1 キイロこねて / まるひとつ
キイロのねんどで直径13ミリのまるを作る。

2 真ん中にくっつける
できたまるを、花のくぼみにくっつける。

3 軽く押しつける♪
軽く押しつぶせば、花飾りのできあがり。

花の完成

耳を作る

1 チャイロこねて / まる2つ
チャイロのねんどで直径16ミリのまるを作る。

2 つぶしてハンバーグ
2つのまるをつぶして、ハンバーグ型にする。

3 シロこねて / まる2つ
シロのねんどで直径8ミリのまるを2つ作る。

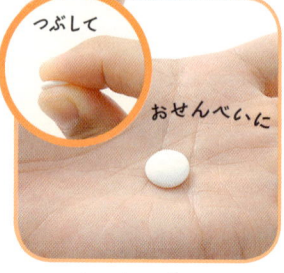

4 つぶして / おせんべいに
まるをつぶして、おせんべい型にしていく。

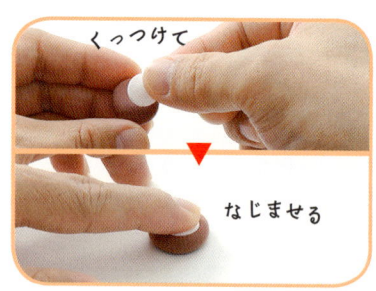

5 くっつけて / なじませる
おせんべいを真ん中にくっつけて、なでてなじませる。

6 顔と合体！
作った2つの耳を、頭の後ろ側の花びらの間にくっつける。

7 耳の完成
頭と花に、しっかりとくっつければ耳のできあがり。

ボクからのヒント！ 同じ大きさの小さいまるがいくつかほしいときは

　小さいまるは、大きさを揃えて作るのがとっても難しいんだ。同じ大きさの小さいまるをいくつか使いたいときは、必要な数よりたくさんのまるを作るといいよ。その中から同じ大きさのものを選んで使うの。こうすることで、簡単に大きさが揃った複数の小さなまるを用意することができるよ。

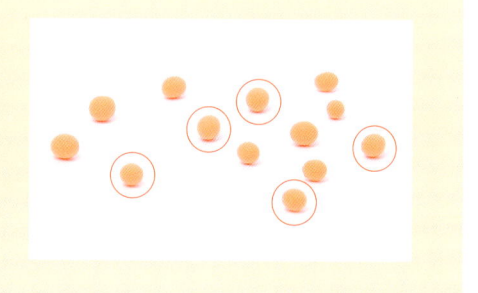

飾りを作る

1 シロのねんどで直径6ミリのまる2つ作る。
（シロこねて／まる2つ）

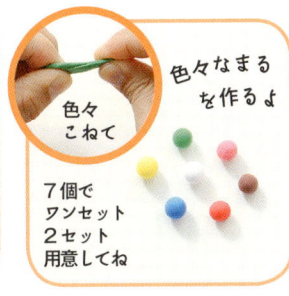

2 好みの色で、同じ大きさのまるを14個用意。
（色々こねて／色々なまるを作るよ／7個でワンセット2セット用意してね）

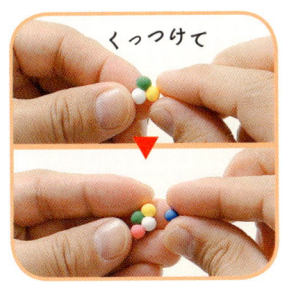

3 7つのまるを、ひとつずつくっつけていく。
（くっつけて）

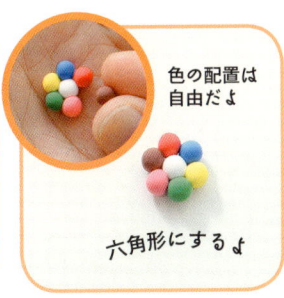

4 六角形になるように合体させればOK。
（色の配置は自由だよ／六角形にする♪）

5 作った飾りを、顔のよこにくっつけていく。
（顔にくっつける）

6 両側にバランスよくくっつけてできあがり。
（できた）

キャッチライトを作る

1 シロのねんどで直径1ミリのまるを2つ作る。
（シロこねて／×2／小さいまるを2つ用意）

2 瞳のなかに、慎重に、写真のようにつける。
（くっつけてから）

3 つけたら、少し押してキャッチライトの完成。
（少しだけ押すよ／かわいさがアップするよ♪！）

土台を作る

1 ねんどを1：1の割合で用意し土台*を作る。
（25ミリ／25ミリ／ピンクとキイロ／マーブルの土台作り）

2 できたマーブルの土台の真ん中をへこませる。
（真ん中をへこませて）

3 フラワーきのこを土台につけてできあがり。
（くっつける／きのこに花が咲いてるの）

*マーブルの土台の作り方は36ページを参照してね。

第3章 おちゃっぴの不思議な世界　フラワーきのこ

93

おちゃっぴの
オリジナルキャラクター紹介 ③

がーんば！

フラワーきのこ

プロフィール

生　態　花が咲く珍しいきのこ。ただし、まだ生態が分かっておらずこれは花ではない、という学者もいる。

生息地　世界中に仲間がいて種類もさまざま。

効　能　においが強く、人がそのにおいをかぐと意志が強くなるということが分かっている。

特　徴　フラワーきのこ自身もそれが分かっているのか気持ちが弱くなった人のそばに自分から近寄って励ますように生息する。しかしその人が元気になるといつのまにか消えてしまう。鼻を触れられるのがにがて。

…（無口なの）

ニンジンうさぎ

プロフィール

生態 12年に一度だけ現れるといわれていた珍しいうさぎ。自分でニンジンを育てて食べている。

性格 普段はやさしくニコニコしてあまりしゃべらない。しかし身の危険を感じるとニンジンをダーツのように投げて来る。これはちょっと痛いらしい。

特徴 友達に気弱なトラさんがいて女子会のように話が盛り上がる。デザートに缶詰を食べることはあまり知られていない。

第3章 おちゃっぴの不思議な世界　キャラ紹介③　フラワーきのこ／ニンジンうさぎ

ニンジンうさぎ

大好きな ニンジンに 囲まれて ハッピーだよ♡

大好物のニンジンに囲まれて幸せそうなニンジンうさぎ。ニンジンを上手に作って、喜ばせることができるかな。

用意するねんどの色
○シロ、●キイロ、●オレンジ、●クロ、●アカ、●ミドリ
（土台 ●キイロ、●ミドリ）
用意するもの　ようじ

難易度：★★★★
制作時間目安：50分
大きさの目安：高さ70ミリ

顔を作る

1 3種を5：1：1で混ぜ合わせる。（30ミリ、6ミリ、6ミリ　シロとキイロとオレンジで　クリームイロを作る）

2 32ミリのまるを作って、つぶしておまんじゅう。（クリームイロのまるひとつ　少しつぶして）

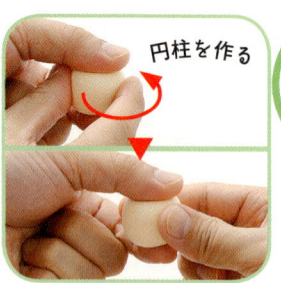

3 上下をはさんで、側面をなでて円柱型にする。（円柱を作る）

4 ようじで目と鼻の位置に＊穴をあけておく。（目と鼻の位置決め！）

白目を作る

1 シロのねんどをよくこねて、直径6ミリのまるを2つ作る。（シロこねて　まる2つ）

2 目の位置に軽くくっつけて、白目のバランスを調整する。（くっつけて　位置を調整）

3 位置が決まったら、軽く押しつぶして白目の完成だ。（押しつぶす）

＊顔のバランスの取り方は34ページを参照してね。

第3章 おちゃっぴの不思議な世界 ニンジンうさぎ

瞳(ひとみ)を作る

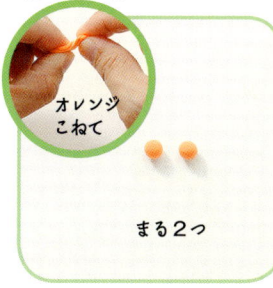

1. オレンジのねんどで直径4ミリのまるを作る。
2. 軽くくっつけて位置を決めたら押しつぶす。 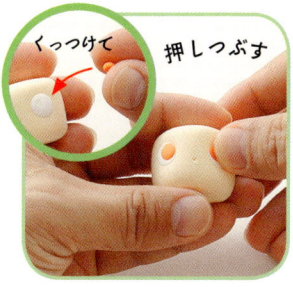
3. アカのねんどで直径3ミリのまるを2つ作る。 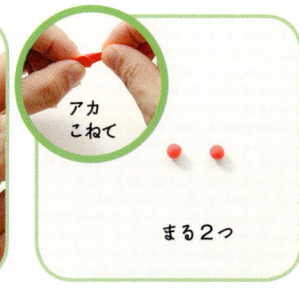
4. ようじで印をつけてから、軽くくっつける。 
5. 位置を微調整してから、指で押しつぶす。 

キャッチライトを作る

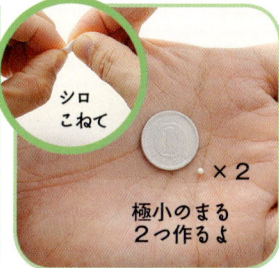

1. シロのねんどで直径1ミリのまるを2つ作る。
2. 瞳のなかに、ひとつずつ軽くくっつけていく。 
3. つけたら、片方ずつつぶしてできあがり。 

鼻を作る

1. シロのねんどで直径10ミリのまるを作る。
2. 指で三角にはさんで、おむすび型にする。 
3. ようじで印をつけた位置に慎重にくっつける。 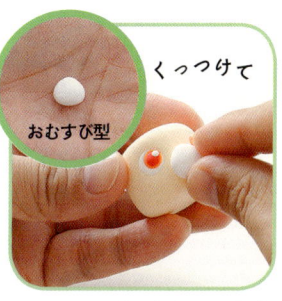
4. 鼻の位置とだいたいの口の形を印づけする。 

口を作る

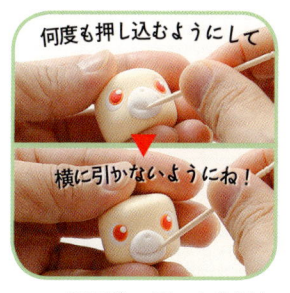

1. 印に沿って、ようじを何度も押し込んでいく。
2. 少しずつ何度も押し込んで口を作っていく。 

ボクからのヒント！ 極小のものを付けるコツ

小さなまるをつけてキャッチライトなどを作るときは、片方を先につぶしてしまうよ。その大きさに合わせて、残りの方のつぶし度合いを調節して、同じ大きさに近づけるんだ。

まだまだ続くよ

97

鼻を作る

1 3種を2:1:1で混ぜ合わせる。（26ミリ 13ミリ 13ミリ オレンジとクロとアカで チャイロを作る）

2 6ミリのまるを作って、印に合わせてつける。（チャイロのまるひとつ）

3 ぺちゃんこにならないように軽く押しつける。（つぶさないでね）

髪の毛を作る

1 シロのねんどで、直径20ミリのまるを作る。（シロこねて まるひとつ）

2 ゆっくりつぶして、ハンバーグ型にしていく。（つぶして ハンバーグに）

3 ようじでこすって、へこみを8つ作る。（へこみをつけて）

4 先をつまんで、きれいに整えていく。（つまんで整える）

5 頭のてっぺんから、かぶせるようにつける。（頭と合体！）

6 やさしくなでながら、なじませていく。（こすってなじませる）

耳を作る

1 直径17ミリのチャイロのまるを2つ用意する。（チャイロこねて まる2つ）

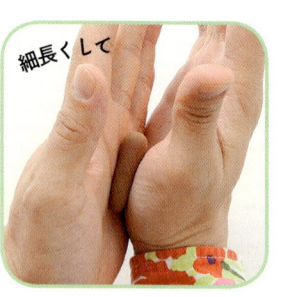

2 手のひらではさんで、細長くしていく。（細長くして）

3 少しつぶして、耳の形に整えていく。（少しつぶすよ 刺し込む方を少し細く作るよ）

4 頭にようじで耳を刺し込むための穴をあける。（ようじで穴をあける）

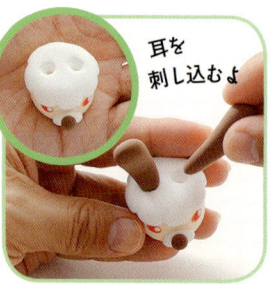

5 耳を片方ずつ、前方に曲げて傾けていく*。（耳を刺し込むよ）

6 傾きのバランスを整えたら耳のできあがり。（片方ずつ折り曲げて）

耳の完成だ♪

*乾かないうちに素早くやろう。

98

ほおひげを作る

1 シロのねんどをよくこねて、直径7ミリのまるを2つ作る。

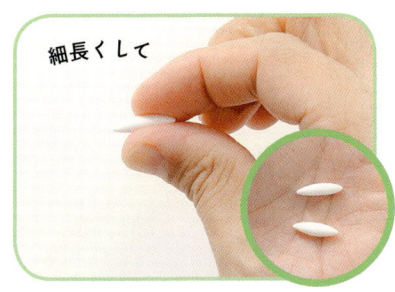

2 できたまるをひとつずつ指で転がし、細長くして米の形にしていく。

3 作った米の形をかおのよこのほおの部分に、ひとつずつくっつける。

4 ようじを押しあてるようにして模様をつける。

5 両側に同じような模様をつければ完成だ。

おちゃっぴの要チェック 腕をくっつけるときは肩から

からだに腕をくっつけるときは、肩の位置からつけていこう。ほおやおなかに手の先をつけるときも、必ず肩に腕をくっつけた状態からおこなうようにする。

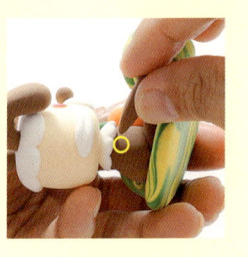

ニンジンの土台を作る

1 1：1の割合で用意し土台*を作る。

2 マーブルの25ミリのまるを用意し棒状にする。

3 たいらにつぶして、巻いてロール状にする。

4 マーブルの土台にくっつけてできあがり。

からだと足を作る

1 チャイロのねんどで直径20ミリのまるを作る。

2 端をつまんでまわして、からだを作っていく。

3 チャイロのねんどで直径10ミリのまるを作る。

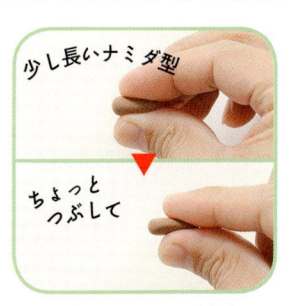

4 少し長いナミダ型にしたら、軽くつぶす。

*マーブルの土台の作り方は36ページ、ナミダ型の作り方は24ページを参照してね。

まだまだ続くよ

第3章 おちゃっぴの不思議な世界　ニンジンうさぎ

99

スカーフを作る

5 からだの下側にくっつけて、足にする。

6 足がついたからだを、土台と合体させる。

完成まであと少し

1 シロのねんどで直径11ミリのまるを作る。

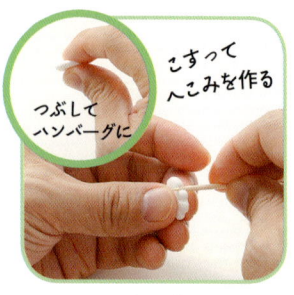

2 ハンバーグの厚さにつぶしてへこみをつける。

3 へこみをつけたら、先をつまんで形を整える。

4 からだの上側にかぶせるようにくっつける。

5 やさしくこすって、からだになじませていく。 完成！

ニンジンを作る

ニンジンは全部で3本作るよ。作り方はまったく同じだからね！

1 オレンジのねんどで直径14ミリのまるを作る。

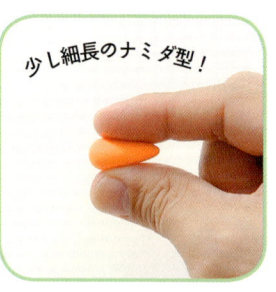

2 端をつまんでまわして、細長のナミダ型を作る。

3 ようじでこすって溝をいくつかつけていく。 ニンジンに見えてきた

ニンジンの葉っぱを作る

1 ミドリのねんどで直径8ミリのまるを作る。

2 まるをナミダ型にしたら、軽く押しつぶす。

3 ようじでこすって、2つのへこみをつける。

4 葉の根元を重ね合わせて、軽く押しつぶす。

第3章 おちゃっぴの不思議な世界　ニンジンうさぎ

中心のニンジンを完成させる

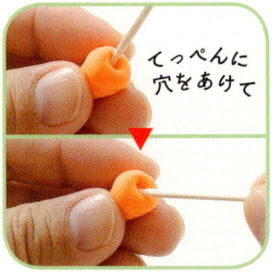

1 ニンジンの頭にようじで穴をあけていく。（てっぺんに穴をあけて）

2 穴に葉を刺し込んで、ニンジンにくっつける。（葉と合体）

3 できたニンジンをからだのおなかにつける。（ニンジン完成！／おなかにくっつけて）

頭とからだをくっつける

1 からだの上側と頭の下側に、ようじでまっすぐ穴をあけておく。（ようじで穴をあける／頭の下側もあけるよ）

2 ようじの長さを調節してから、頭にようじを刺し込む。（右側を使用／ようじの長さを調節して／頭に刺し込む）

3 ようじを穴に合わせて、頭とからだを合体させる。（からだと合体！）

手を作る

1 チャイロのねんどで直径12ミリのまるを作る。（チャイロこねて／まる2つ）

2 ナミダ型にして、指で転がし細長くのばす。（土台を作る／細長のナミダ型）

3 作った手は肩の方からくっつけていく。（肩からくっつけるよ）

4 手の先を曲げニンジンを持たせるようにする。（ニンジンを持たせる感じに）

ニンジンを作って完成

1 ニンジンを２つ用意して＊、土台に穴をあける。（ニンジン２つ用意／穴をあけて）

2 穴の大きさは、ニンジンの先が入る感じ。（両側に穴を作るよ）

3 作った穴に、ニンジンを刺し込んで完成だ！（ニンジンを差し込んで）

できた！

＊ニンジンの作り方は左ページを参照してね。

101

コラム　発想を変えて表現の幅を広げよう

ボクの頭どうやって作るかわかるかな!?

柔らかいうちにつける固まってからくっつける!?

　おちゃっぴねんどは、柔らかいうちのねんどどうしが簡単にくっつく、とても扱いやすいねんど。では、作品を作っていく上で、柔らかいうちにねんどどうしをくっつけなければいけないかというと、そんな決まりがあるわけではありません。

　例えば、左のような頭は、柔らかいナミダ型を刺していってもこのようには仕上がらないのです。柔らかい状態だと、ねんどどうしがくっついてしまうため、隣のナミダ型ともくっついてしまいます。この頭は、ナミダ型をたくさん作って固まったところで、柔らかい頭に刺していく。発想の転換が可能にした表現方法のひとつです。

こんな風に作ってるよ

たくさんのナミダ型を作っておくよ
乾かしてから

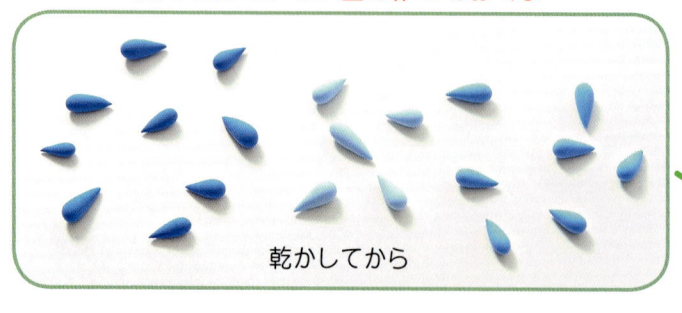

ようじで穴をあけて

刺し込むよ

続けて穴あけて

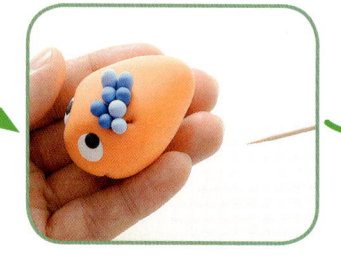

どんどん刺して完成！

第4章 オリジナルキャラクターに挑戦

オリジナルキャラクター作りに挑戦しよう

オリジナルキャラ !?

実はいろいろな方法があるよ～

教えて教えて!!

一から新しく生み出すだけがオリジナル？

できたものすべてがオリジナルの作品という考え方はいかが

　唯一無二の作品を作るのは、とっても難しいことでしょうか。確かに、全くないゼロから独自のキャラクターを生み出すには、非常にたくさんの経験や労力をともなう作業となります。だからといって、経験と労力がなければオリジナルの作品が作れないかといったら、それも違うでしょう。

　というような難しい話は、また別の機会にするとして、これまで作り方を紹介してきた作品を完成させたとき、ふとほかの人とは違ったものができたら良いなと思うことが、何度も頭の中をよぎってきたのではないでしょうか。もちろん、作品例を寸分違わずに同じように作ることを理想とする人も多いと思います。でもそんな人でも、ここからは肩の力を抜いて、少し頭を柔らかくして下さい。実は、作例通りに作ったとしても、できた作品はすべてがオリジナルといってしまっても良いのですが、それで終わらせることはありません。ここからは、少し工夫することで、簡単にオリジナル!?　になる発想方法を伝授していきます。

発想方法 1　合体させてオリジナル!?

第4章　オリジナルキャラクターに挑戦

発想方法①

飾りを加えることで変化をつけていく

　何かと何かを合体させて、オリジナルのものを作り出す。コラムのなかで、おちゃっぴの頭のなかを覗いてもらいましたが、おちゃっぴのオリジナル作品もこのようにして生まれることがあります。その方法を、もっともシンプルな形にしたのがここで紹介する方法です。帽子を作ってキャラクターにかぶせる、これだけでも全然違う感じに見えてきます。頭の飾りを加えたりして、少しずつ独自のキャラクターに変えていくことは、すごく簡単なことに見えるけど、こうしてオリジナル作品作りの世界が始まっていくのです。

飾り!?
お花!?
リボン!?
何を足してみようかな♡

こんなキャラになったよ!!

できあがり

105

発想方法 2　ねんどの色を変えてオリジナル!?

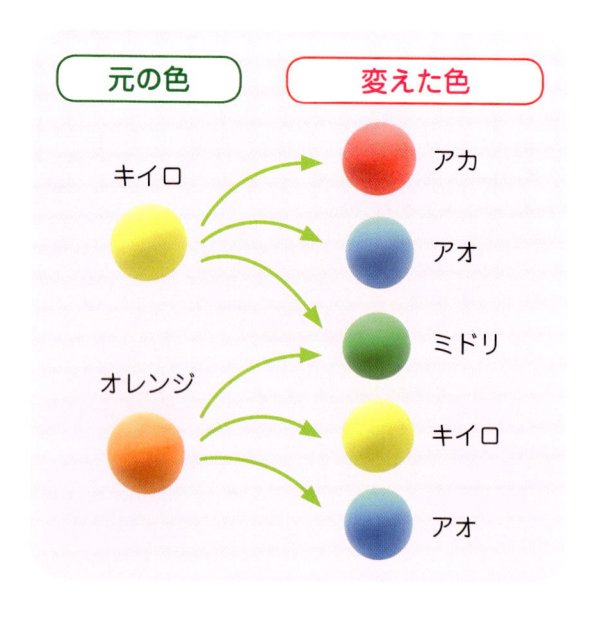

色の組み合わせは無限に存在する
独特な色で新たな作品が誕生

　おちゃっぴねんどの作り方で紹介しているキャラクターの色は、おちゃっぴが独自に考えたオリジナルの色使いですが、これはひとつの例でしかありません。使用しているねんどの色を大胆に変えてしまっても、全然問題ないのです。色を変えるだけで、全く違ったキャラクターに変化する、この驚きが味わえるのもおちゃっぴねんどの楽しさのひとつです。こうしてできたキャラクターは、十人十色の独自の色使いになります。おちゃっぴねんどは、別々の色を混ぜ合わせることで新たな色を簡単に生み出せるため、仮に2色でできた作品であっても、無限の組み合わせが誕生します。ここで紹介したアヒルは、たった2色変えただけですが、まったく異なった印象を与えてくれています。これもオリジナル作品への第一歩です。

いろんなアヒルがいるよ～

アヒルの顔とからだと口の色をいろいろと変えただけでこんなに異なった印象になります。アヒルの作り方は34ページを参照して下さい。

106

発想方法 3

目、口、鼻、耳いろんな部分を変えてオリジナル!?

第4章 オリジナルキャラクターに挑戦 発想方法②／発想方法③

ウィンクしてるのかな!!

目が全然違うね!?

困った顔になったね!!

耳がくるくる模様だよ〜

パーツの形を変えることでオリジナルのデザイン作りを

作例で紹介してきたキャラクターの色だけでなく、顔やからだのパーツの形を変えることは、大丈夫なのでしょうか。こんな大胆な発想も、おちゃっぴねんどの世界ではもちろんOKです。目、口、鼻、耳などの形をひとつ変えても、全部を変えてしまっても全然かまいません。顔の形を変化させる、頭とからだのバランスを変えてしまうなど、さまざまなアプローチの仕方が人それぞれで考えつくと思います。独自のデザインを生み出すための、ひとつのきっかけとして、おちゃっぴのキャラクターをぜひ参考にしてみて下さい。

107

発想方法 4 こんなに変えても大丈夫!? オリジナル!?

すごい!!
こんなに変えても良いのね♡

主な変更点!!
★目がハートに♡
★鼻がくるりん!?
★耳がロール状に!!
★頭に何かのってる
★羽がはえてきた
★くるくるのしっぽに

もとのイメージを残しつつ大胆に変化させて生み出す

　ここまで紹介してきたオリジナル発想方法をすべて取り入れてみたら、果たしてどうなるのでしょう。作例のキャラクターから色や姿形がまったく異なった、新しいキャラクターが誕生するのではないでしょうか。これでオリジナルの作品作りができるようになって喜んでいるあなたに、もう一段レベルを上げたオリジナルキャラ作りを紹介します。もとになったキャラクターのイメージを残しつつ、ここまでの発想方法をすべて取り入れて、全く異なった印象を与えられるキャラクターを作ってみて下さい。どの部分を変えて、どの部分を残せば良いか、簡単そうでとっても難しいことですが、これをマスターできれば、身の回りに存在するありとあらゆる動物やものをキャラクターに変換することができるようになるといっても過言ではありません。まさに究極のオリジナル作品作りへと繋がる第一歩となります。もののイメージをとらえること、そして変化を与えて新しいものを誕生させる。そんな発想方法をぜひとも身につけて、あなたが思い描いた理想のキャラクター作りに役立てて下さい。

無限の可能性が広がるおちゃっぴねんど

第4章 オリジナルキャラクターに挑戦
発想方法④

おちゃっぴねんどの世界は、とっても自由

　自由な発想をもとにありとあらゆる創作活動が許されるおちゃっぴねんどの世界。これは、おちゃっぴ自身の頭のなかでおこなわれている、オリジナル作品の発想法にも通じています。人それぞれに、好みが違うのが当たり前、この違いを作品作りに投影できれば、オリジナルのキャラクターは人の数以上に溢れていきます。おちゃっぴねんどは、誰でも簡単に扱えるので、それを叶えることができる理想のツールでもあります。無限の可能性を秘めたおちゃっぴねんどの世界へ飛び込んで、素敵なねんど作品に囲まれた生活を一緒に楽しみましょう。

おちゃっぴねんどを一緒に楽しもう

109

おちゃっぴねんど情報

粘土で作る「おちゃっぴのキャラクター作品」は、粘土キット、グッズ商品としても販売店舗が増殖中です。

おちゃっぴねんど

かわいく、できちゃう
おちゃっぴねんど ochappiclay
クレモデル7色セット

アオ・アカ・キイロ・オレンジ・ミドリ・シロ・クロ

本書に登場したおちゃっぴねんどは「おちゃっぴねんど7色入りセット（白・黒・赤・青・黄・緑・オレンジ）」として右記公式サイトから買うことができるよ。
価格：1,350円（税、送料、手数料込み）〜

お問い合せ
株式会社シェアー　☎ 03-5354-7688
ochappishareSHOP サイト：http://www.ochappishare.net
おちゃっぴ公式ホームページ：http://ochappi.com

キャラクター創作粘土キット「Conel（コーネル）」

このキットに入っているねんどを使って、本書の作品を作ることも可能です。おちゃっぴがデザインした個性的なキャラクターが大集合！ 手軽に作品が作れる！ 大人の女性が楽しめる、手作りホビーは人気沸騰中。全国の百貨店・量販店・玩具店・書店・手芸店などで発売中です。
価格：各800円（税別）〜

クマ　チワワ　ウサギ　カエル
キリン　ハリネズミ

お問い合せ
株式会社ハナヤマお客様相談センター　0120-910-922（フリーダイヤル）
コーネル特設サイト：http://www.hanayamatoys.co.jp/conel

おちゃっぴねんど情報

海の生き物シリーズ「すみだ水族館・京都水族館」

「すみだ・京都水族館」とのアーティストコラボが実現。おちゃっぴのユニークな海の生き物たちのキャラクターグッズが販売中。特に水族館和スイーツは超人気商品です。

すみだ・京都水族館アーティストコラボキャラクター

すみだ水族館　和スイーツ

お問い合せ
すみだ水族館　公式HP：http://www.sumida-aquarium.com
京都水族館　公式HP：http://www.kyoto-aquarium.com

おちゃっぴ代表作「どうぶつきのこシリーズ」

動物なの？　キノコなの？　不思議カワイイ　どうぶつきのこシリーズが全国の雑貨店で発売開始！　不思議な可愛さにファンが急増中。

- どうぶつきのこ　ラバーキーホルダー　667円 全5種
- どうぶつきのこ　イメージストラップ　800円 全5種
- どうぶつきのこ　マイクロファイバーハンドタオル 500円 全3種
- どうぶつきのこ　クリアファイル　333円 全2種
- どうぶつきのこ　プクッとシール　457円 全2種
- どうぶつきのこ　ぬいぐるみ　2,857円 全3種
- どうぶつきのこ　缶バッジ　571円 全5種

＊上記価格は全て消費税別です。

ラバーキーホルダー

ぬいぐるみ
ウサギきのこ

ぬいぐるみ
ゾウきのこ

ぬいぐるみ
パンダきのこ

お問い合せ
株式会社キャラアニ　☎ 0570-001139
http://www.chara-ani.com にて「どうぶつきのこ」で検索！

111

STAFF

編集協力
有限会社オネストワン
(田中一平／田中正一)

企画
株式会社シェアー　笠井孝志

本文デザイン
株式会社オリーブグリーン
(馬嶋正司／森山 典)

ねんど制作
おちゃっぴ

撮影
小山写真事務所　小山一芳
Akira Kumagai（ハワイロケ撮影）

撮影助手
水須 聡

撮影協力
登 大輔

ロケーション協力
ハワイ・モンサラット通り「Pioneer Saloon」

協力
東京家政大学 デジタルデザイン研究室　教授　有馬十三郎
十一合同会社　宮本真帆
アートクレイ株式会社
桝川 渉事務所
株式会社クラッパーズキャスト
株式会社ハナヤマ
株式会社キャラアニ
オリックス不動産株式会社

012Hobby
オリジナルキャラも作れる
おちゃっぴねんど入門

2014年5月18日　初版発行

著　者　　おちゃっぴ
発行者　　佐藤龍夫
発　行　　株式会社 大泉書店
住　所　　〒162-0805
　　　　　東京都新宿区矢来町 27
　　　　　電　話　03-3260-4001（代）
　　　　　FAX　03-3260-4074
　　　　　振　替　00140-7-1742
印刷・製本　大日本印刷株式会社

© OCHAPPI 2014 Printed in Japan

URL　http://www.oizumishoten.co.jp/
ISBN 978-4-278-05305-0　C0076

落丁、乱丁本は小社にてお取替えいたします。
本書の内容についてのご質問は、ハガキまたはFAXにてお願いいたします。

本書を無断で複写（コピー・スキャン・デジタル化等）することは、著作権法上認められた場合を除き、禁じられています。小社は、複写に係わる権利の管理につき委託を受けていますので、複写をされる場合は、必ず小社にご連絡ください。